河北省重要战略性矿产资源储备研究成果

河北省重要战略性矿产供需形势分析及供应安全评价

HEBEI SHENG ZHONGYAO ZHANLÜEXING KUANGCHAN
GONGXU XINGSHI FENXI JI GONGYING ANQUAN PINGJIA

史慧文　李华中　王庆民　周吉光
赵晓雄　何　伟　高若阳　　　　　著

图书在版编目(CIP)数据

河北省重要战略性矿产供需形势分析及供应安全评价/史慧文等著.—武汉:中国地质大学出版社,2023.2
ISBN 978-7-5625-5776-0

Ⅰ.①河… Ⅱ.①史… Ⅲ.①矿产资源-供需形势-研究-河北 Ⅳ.①F426.1

中国国家版本馆 CIP 数据核字(2024)第 025696 号

| 河北省重要战略性矿产供需形势分析及供应安全评价 | 史慧文 李华中 王庆民 周吉光 赵晓雄 何 伟 高若阳 | 著 |

| 责任编辑:舒立霞 | 选题策划:舒立霞 | 责任校对:宋巧娥 |

出版发行:中国地质大学出版社(武汉市洪山区鲁磨路388号) 邮编:430074
电　　话:(027)67883511　　传　　真:(027)67883580　　E-mail:cbb@cug.edu.cn
经　　销:全国新华书店　　　　　　　　　　　　　　　　　http://cugp.cug.edu.cn

开本:880mm×1230mm　1/16	字数:310 千字　印张:8.75
版次:2023 年 2 月第 1 版	印次:2023 年 2 月第 1 次印刷
印刷:湖北金港彩印有限公司	

ISBN 978-7-5625-5776-0　　　　　　　　　　　　　　　　　　　　　　定价:198.00 元

如有印装质量问题请与印刷厂联系调换

前　言

　　矿产资源是经济社会发展的重要物质基础与能量来源,其开发利用有效支撑了国家基础设施建设、保障了工业化进程、增加了就业机会、促进了地区发展,是新时代新征程的发展之基、稳定之本。正如习近平总书记在给山东省地矿局第六地质大队全体地质工作者的回信中所指出:"矿产资源勘查开发事关国计民生和国家安全",地质工作者须"在新一轮找矿突破战略行动中发挥更大作用,为保障国家能源资源安全、为全面建设社会主义现代化国家作出新贡献"。

　　战略性矿产是对国家经济发展至关重要、对战略新兴产业不可或缺的一类矿产资源,它不仅是产业转型和技术升级的基础保障,而且在第四次科技革命尤其在保障战略性新兴产业发展方面具有突出的战略意义,在当前复杂的国际竞争及地缘政治关系中也具有特殊意义。在战略性矿产开发利用方面,受资源禀赋或技术能力限制,而无法保证国内供应或供应中断或市场不稳定时,会对国防安全和国民经济产生巨大影响。因此,开展战略性矿产资源供需形势分析及供应安全评价,是在加快构建以国内大循环为主体、国内国际双循环相互促进的新发展格局背景下,应对未来复杂国际环境变化,提升国家对战略性矿产资源的宏观调控能力的基础性研究工作。

　　本书依托河北省地质调查院"河北省重要战略性矿产资源储备研究"项目,对河北省煤炭、铁、金、铜、钼、萤石、石墨7种重要战略性矿产的供需形势及供应安全评价进行了分析。回顾整个研究体系,一方面大量援引国内外公开统计资料,对7个矿种的全球、全国和全省供需态势进行了分析与评价;另一方面运用地质技术经济评价方法,基于统计数据和资料,对7个矿种的供需形势进行预测,对供应安全进行评价。特别是在对区域煤炭、铁矿资源的需求进行预测时,创造性地运用了计量经济学回归预测与BP网络神经预测相结合的方法,提高了预测的准确度与可靠性。其中,在回归预测过程中,构建了简化的计量经济学理论模型,弱化了模型及方法选取对预测结果的影响,而将关注点放在基础统计数据的可靠性、稳定性上。总体上,本书通过对省域重要战略性矿产资源的供需情况、趋势及资源保障程度进行分析,为地区矿产资源开发布局调控优化策略制定提供了数据支撑,有助于提升政府对战略性矿产资源的宏观调控能力,促进地区矿业经济及国民经济社会高质量协调发展。

　　本书依托的"河北省重要战略性矿产资源储备研究"项目实施过程得到了河北省自然资源厅矿产资源保护监督处的鼓励和支持,实证研究过程得到了河北地质大学自然资源资产资本研究中心(河北省高等学校人文社会科学重点研究基地)的技术支持。当然,囿于数据的可获得性,全部7个矿种未能运用统一的实证研究方法,只能采用定性评价方法加以弥补。作为省域开展的关于战略性矿产供需形势分析及供应安全评价的一项探索性研究,本书试图构建出一个基础研究框架,以希冀启迪后来学者开展进一步的研究。

　　因成书时间仓促,所引资料可能无法一一标注,请相关学者和研究人员谅解。

著　者

2022年12月

目 录 CONTENTS

第1章 研究背景 ……………………………………………………………………… (1)
  1.1 研究的目的和任务 ………………………………………………………… (1)
  1.2 研究方法和技术路线 ……………………………………………………… (2)
  1.3 战略性矿产的内涵及各国界定 …………………………………………… (3)
  1.4 供需预测及供应安全评价基础理论 ……………………………………… (4)

第2章 国内外社会经济环境及矿业形势分析 ……………………………………… (12)
  2.1 国内外社会经济环境 ……………………………………………………… (12)
  2.2 矿业形势分析 ……………………………………………………………… (17)

第3章 煤炭供需形势及供应安全评价 ……………………………………………… (24)
  3.1 煤炭供需态势 ……………………………………………………………… (24)
  3.2 煤炭需求预测 ……………………………………………………………… (30)
  3.3 煤炭供给预测 ……………………………………………………………… (38)
  3.4 煤炭可供性分析 …………………………………………………………… (40)
  3.5 河北省煤炭供应安全评价 ………………………………………………… (45)

第4章 铁矿供需形势及供应安全评价 ……………………………………………… (50)
  4.1 铁矿供需态势 ……………………………………………………………… (50)
  4.2 铁矿需求预测 ……………………………………………………………… (55)
  4.3 铁矿供给预测 ……………………………………………………………… (62)
  4.4 铁矿可供性分析 …………………………………………………………… (63)
  4.5 河北省铁矿供应安全评价 ………………………………………………… (67)

第5章 金矿供需形势及供应安全评价 ……………………………………………… (70)
  5.1 金矿供需态势 ……………………………………………………………… (70)
  5.2 金矿需求分析 ……………………………………………………………… (76)
  5.3 金矿供给预测 ……………………………………………………………… (76)
  5.4 金矿可供性分析 …………………………………………………………… (78)
  5.5 金矿供应安全分析 ………………………………………………………… (81)

第6章 铜矿供需形势及供应安全评价 (83)
6.1 铜矿供需及贸易态势 (83)
6.2 铜矿生产供应情况 (89)
6.3 铜矿可供性分析 (89)
6.4 铜矿供应安全分析 (91)

第7章 钼矿供需形势及供应安全评价 (93)
7.1 钼矿供需及贸易态势 (93)
7.2 钼矿需求分析 (98)
7.3 钼矿供给预测 (99)
7.4 钼矿可供性分析 (100)
7.5 钼矿供应安全分析 (103)

第8章 萤石供需形势及供应安全评价 (105)
8.1 全球、中国萤石供需及贸易态势 (105)
8.2 萤石需求分析 (109)
8.3 萤石供给预测 (110)
8.4 萤石可供性分析 (111)
8.5 萤石供应安全分析 (114)

第9章 石墨供需形势及供应安全评价 (116)
9.1 全球、中国石墨供需及贸易态势 (116)
9.2 石墨需求分析 (121)
9.3 石墨供给预测 (121)
9.4 石墨可供性分析 (122)
9.5 石墨资源安全分析 (126)

第10章 综合评价结论 (128)
10.1 煤炭 (128)
10.2 铁矿 (128)
10.3 金矿 (129)
10.4 铜矿 (129)
10.5 钼矿 (129)
10.6 萤石 (130)
10.7 石墨 (130)

主要参考文献 (132)

第1章 研究背景

1.1 研究的目的和任务

1.1.1 目的

本研究的目的是分析与研判河北省重要战略性矿产资源供需情况、趋势及资源保障程度,以及在复杂国际环境变化、国内资源利用大循环构建、国内国际资源利用双循环新格局背景下,为河北省矿产资源开发布局调控优化策略制定和河北省矿业经济及国民经济社会高质量协调发展、生态文明建设提供服务。专题研究完成后有助于提升政府对战略性矿产资源的宏观调控能力,有助于加快矿业结构调整、促进矿业经济健康发展。

1.1.2 任务

全面收集煤炭、铁、金、铜、钼、晶质石墨、萤石等重要战略性矿产的资源供需资料,进行市场调研,分析供需形势,根据社会经济发展要求、资源供给程度及资源储备情况对重要战略性矿产进行供应安全评价,分析存在的问题,提出相应的对策及建议。

包括如下3个具体任务。

1. 供需形势分析

通过定性与定量相结合的方法,分析煤炭、铁、金、铜、钼、晶质石墨、萤石7种重要战略性矿产的供需形势。根据其矿产资源储量增减与开发利用情况,全面了解该矿产的资源消耗、供给、保障情况,结合该矿种的资源储备情况,选取先进、实用的预测方法进行需求预测,以求获得准确的供需形势分析结论。

2. 供应安全评价

根据供需形势分析结论,研究国内国际矿产品贸易、矿产品价格走势等资料与数据,探寻其市场影响因素、运行与矿业和经济发展耦合规律及波动趋势,结合河北省矿业政策法规及矿业调控措施等,利用合理的评价方法,从资源安全、贸易安全、市场安全3个维度对煤炭、铁等大宗重要战略性矿产的供应安全性进行评价。

3. 提出对策及建议

通过重要战略性矿产资源的供需形势分析和供应安全评价,结合暂未开发利用的战略性矿产的矿产地及有进一步开发利用价值的尾矿资源储备情况,为高效开发、合理利用与保护河北省战略性矿产资源,获取更大的经济效益、社会效益、生态效益提出对策建议,为矿产资源优化配置和矿业的可持续发展提供科学依据。

1.2 研究方法和技术路线

1.2.1 研究方法

1. 文献研究法

通过调查文献和收集国内有关矿产资源供需分析相关研究资料,全面、系统地了解矿产资源供需分析的方法,为河北省战略性矿产资源供需分析奠定坚实的理论基础。

2. 数量分析法

充分收集河北省矿产资源供需相关的基础资料,采集相关数据,运用数量分析的方法对河北省矿产资源供需情况进行科学分析。

3. 预测分析法

拟采用回归预测、人工神经网络预测等方法对河北省 7 种重要战略性矿产资源供需趋势进行建模与分析,为河北省矿产资源开发布局调控优化策略制定和河北省矿业经济及国民经济社会高质量协调发展、生态文明建设提供服务。

1.2.2 技术路线

河北省重要战略性矿产资源储备研究专题的开展拟遵循的技术路线如图 1-1 所示。

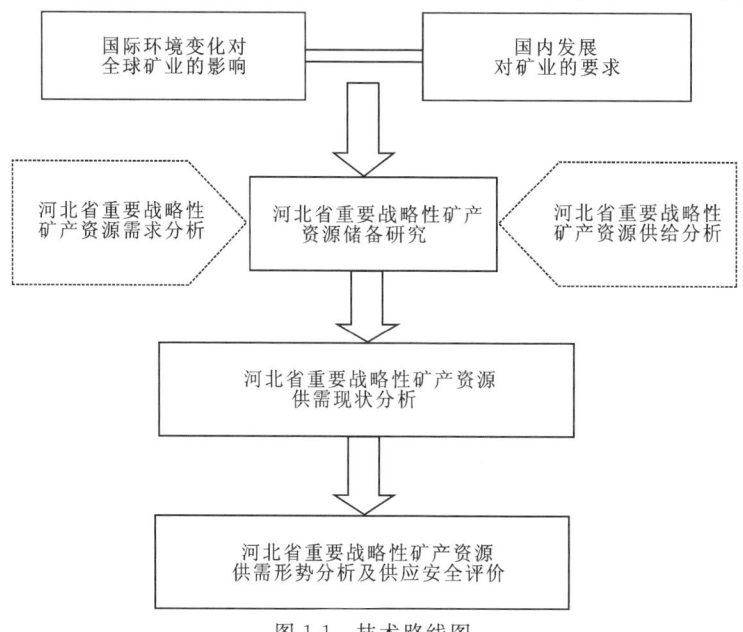

图 1-1 技术路线图

1.3 战略性矿产的内涵及各国界定

1.3.1 战略性矿产内涵

战略性矿产（strategic mineral）概念是由美国国防军事部门提出来的。美国海军陆战队少校 Gilda A. Jackson 把战略性矿产定义为：必须满足军事、工业和基本的民用需求的矿产，但在国家处于紧急状态时，这些矿产的国内生产数量无法达到这些需求（赵洋，2011）。美国陆军军事学院战略研究所的 Kent Hughes Butts 中校认为，战略矿产是对国家经济和国防部门十分关键的矿产，其中最典型的是铬、钴、锰和铂族金属。在大多数关键应用领域，如高科技武器系统中的超合金及钢的生产，它们是不可被替代的[1]。

对于战略性矿产，国内也有许多学者从不同的角度进行了定义，如张新安（2002）通过对国外矿产资源储备历史及现状的研究，将其归纳为：战略性矿产系指国家安全所必需的，国内供应无法满足需求并且国外供应十分脆弱，达到了急缺危险点的矿产。陈毓川（2002）认为战略性矿产资源是指对国家经济、社会发展、国防安全必不可少，而国内不能保障的矿产资源及可影响国际市场的矿产资源。齐亚彬（2002）认为战略性矿产的基本特征是：国防和经济建设必需；战争期间依赖进口；国内丰富或短缺，各国根据本国矿产资源的情况和所处的政治、经济、军事地位，确定各自的战略性矿产资源，等等。

1.3.2 各国对战略性矿产的界定

由于各个国家国情不同，战略性矿产资源的界定也不尽相同。欧盟从维护欧共体各国整体利益出发，提出了关键原材料目录，以确保能可靠而不受阻碍地获取某些原材料（European Commission，2011）。作为贫矿国的日本于 2009 年提出了稀有金属确保战略，以应对供给中断造成的潜在风险，并优选出 31 种关键矿种[2]。澳大利亚作为世界矿产资源主要供给国，提出的关键矿产战略则致力于改善澳大利亚矿业投资环境，以占据在关键矿产原材料和精炼市场的优势地位。澳大利亚将关键矿产分为 3 类，即一类 7 种（铂族元素、锆、铬、钴、镍、稀土元素、铜）、二类 15 种（铋、氦、锂、锰、钼、铍、铌、石墨、钛、钽、锑、钍、钨、锡、铟）、三类 12 种（钡、碲、钒、氟、镉、汞、镓、铼、砷、锶、硒、锗）[3]。

中国战略性矿产资源目录主要考虑供应风险和替代性两大问题，将关键矿产细分成 3 类：一是资源短缺型矿产，如钴、铼、铂族元素等；二是技术制约型矿产，如铍、钛、镓、铌等；三是能够调控国际市场的优势矿产，如稀土元素、铟、锗等[4]。

由国土资源部（现自然资源部）会同国家发展和改革委员会、工业和信息化部、财政部、环境保护部

---

[1] 确立我国的战略矿产和保护矿产[EB/OL]. 中国发展观察，2010-07-13. https://www.cnpowder.com.cn/news/14690.html.

[2] METI. Annual Report on Energy[EB/OL]. （2019-06-07）[2020-07-21]. https://www.meti.go.jp/english/report/index_whitepaper.html.

[3] Australian Government Department of Industry, Innovation and Science, Australian Trade and Investment Commission. Australia's Critical Mineral Strategy[EB/OL]. （2019-03）[2020-04-01]. https://www.industry.gov.au/data-and-publications/australias-critical-minerals-strategy.

[4] 聚焦"战略性矿产"，警惕踩踏矿产资源供应安全红线[EB/OL]. 矿业汇，2021-08-09. https://baijiahao.baidu.com/s?id=1707606933360629484&wfr=spider&for=pc.

（现生态环境部）、商务部制定，经国务院原则同意通过，自 2016 年 11 月 2 日起实行的《全国矿产资源规划（2016—2020 年）》中首次制定了战略性矿产目录，在其中把 24 种矿产资源列入了战略性矿产目录，如表 1-1 所示。

表 1-1　我国战略性矿产目录（24 种）

矿产类型	矿产名称
能源矿产	石油、天然气、页岩气、煤炭、煤层气、铀
金属矿产	铁、铬、铜、铝、金、镍、钨、锡、钼、锑、钴、锂、稀土、锆
非金属矿产	磷、钾盐、晶质石墨、萤石

资料来源：国土资源部,国家发展和改革委员会,工业和信息化部,财政部,环境保护部,商务部.全国矿产资源规划（2016—2020）[Z].2016-11-02.

美国认定的"关键矿物"，是指对美国的经济和国家安全具有至关重要作用，其供应链容易受到破坏，缺乏后会对经济或国家安全产生重大影响的矿产。美国在 2018 年也公布了一份被认为对美国经济和国家安全至关重要的 35 种战略性矿产（关键矿物清单）（Final List of Critical Minerals 2018）。中美两国战略性矿产的差异如表 1-2 所示。

表 1-2　中国与美国战略性矿产的差异

类别	中国战略性矿产	美国关键矿物清单
不同矿产	石油、天然气、页岩气、煤炭、煤层气、铁、铜、金、镍、钼、磷	锰、钒、钛、镁、铋、铂族金属、铌、钽、铍、锶、铷、铯、铪、钪、锗、镓、铟、铼、碲、重晶石、砷、氦
相同矿产	铀、铬、铝、钴、钨、锑、锂、锆、锡、稀土、萤石、钾盐、石墨（天然）	

资料来源：Office of the Secretary, Interior. Final List of Critical Minerals 2018[Z].2018-05-18.

在当今复杂的国际政治环境下，"立足国内、重用境外"是保障我国资源安全的基本战略，因而，加强重要矿产资源勘查开发，强化国内资源保底、国际资源争取的思维，构建战略性矿产资源开发与利用的新格局是未来相当长一段时间我国必须坚持的重要道路。

1.4　供需预测及供应安全评价基础理论

要做好矿产资源形势分析与预测，必须掌握矿产资源形势分析与预测的 4 个基本要素，即信息（数据）、理论方法、分析和判断，需要有全面、系统的数据，先进、实用的方法，客观、公正的分析，精炼、准确的判断。而科学的供需形势预测是矿产资源供应安全评价的基础。

1.4.1　预测模型

矿产资源需求预测的方法有很多，对不同矿产可以分别确定不同的需求预测方法和预测参数。定性预测法主要有市场调查预测法、专家意见预测法、主观概率法等。定量预测通过建立数学模型来完成，有时间序列预测法、回归分析预测法、投入产出预测法、经济计量模型预测法、弹性系数预测法、灰色系统预测法等。实际工作中较多地采用定性预测和定量预测结合的方法。

1. 回归模型

历史数据表明，人均矿产品消费量与人均国内生产总值两者之间存在着密切的关系，这为使用回归模型预测未来矿产品需求量提供了理论依据。

回归预测模型的基本原理是根据人均国内生产总值和人均矿产品消费量的历史数据,以人均矿产品消费量作为因变量,人均国内生产总值作为自变量,进行回归分析,建立人均矿产品消费量与人均国内生产总值的回归模型,根据所建立的回归模型及未来特定时间的人均国内生产总值,预测未来特定时间的人均矿产品消费量,最后根据人均矿产品消费计算得出全国总的矿产品需求量。

矿产品需求预测的回归模型如下:

$$\mathrm{MP}_t = a \times \mathrm{GDPP}_t + b$$

式中:MP_t 为第 t 年人均某种矿产品消费量;GDPP_t 为第 t 年人均国内生产总值;a,b 为常数,通过对历史数据采用最小二乘法求得。

使用回归模型预测矿产品需求的关键在于只能进行中短期的预测,而不能进行中长期的预测,使用回归模型作中长期预测将会出现较大的误差。

2. 灰色预测模型 GM(1,1)

如果某一系统的全部信息已知为白色系统,全部信息未知为黑箱系统,部分信息已知,部分信息未知,那么这一系统就是灰色系统。一般地说,社会系统、经济系统、生态系统都是灰色系统。灰色系统理论认为对既含有已知信息又含有未知或非确定信息的系统进行预测,就是对在一定方位内变化的、与时间有关的灰色过程的预测。尽管过程中所显示的现象是随机的、杂乱无章的,但毕竟是有序的、有界的,因此这一数据集合具备潜在的规律,灰色预测就是利用这种规律建立灰色模型,对灰色系统进行预测。

灰色预测通过鉴别系统因素之间发展趋势的相异程度,即进行关联分析,并对原始数据进行生成处理来寻找系统变动的规律,生成有较强规律性的数据序列,然后建立相应的微分方程模型,从而预测事物未来发展趋势的状况。它用等时距观测到的反映预测对象特征的一系列数量值构造灰色预测模型,预测未来某一时刻的特征量,或达到某一特征量的时间。

GM(1,1)模型用于单因素预测,其目标是建立一阶线性微分方程模型:

$$\frac{\mathrm{d}x^{(1)}}{\mathrm{d}t} + \infty\, x^{(1)} = \mu$$

式中:$x^{(1)}$ 为一次累加生成数据序列;$\infty 、\mu$ 为通过建模求得的参数,∞ 为发展灰数,μ 为控制灰数。

建模步骤:

(1)构建列向量。

$$x^{(1)}(t) = \sum_{k=1}^{t} x^{(0)}(k)$$

式中:$x^{(0)}$ 为原始序列,$t = 1, 2, \cdots, n$。

(2)构建数据矩阵 $\boldsymbol{B}$ 和数据向量 $\boldsymbol{y}_n$。

$$\boldsymbol{B} = \begin{bmatrix} -\frac{1}{2}[x^{(1)}(1) + x^{(1)}(2)] & 1 \\ -\frac{1}{2}[x^{(1)}(2) + x^{(1)}(3)] & 1 \\ \vdots & \vdots \\ -\frac{1}{2}[x^{(1)}(n-1) + x^{(1)}(n)] & 1 \end{bmatrix}$$

$$\boldsymbol{y}_n = [x^{(0)}(2), x^{(0)}(3), \cdots, x^{(0)}(n)]^\mathrm{T}$$

(3)用最小二乘法计算 GM(1,1) 的参数。

$$\hat{a} = \begin{bmatrix} a \\ u \end{bmatrix} = (\boldsymbol{B}^\mathrm{T} \boldsymbol{B})^{-1} \boldsymbol{B}^\mathrm{T} \boldsymbol{y}_n$$

(4)求微分方程的解。求解微分方程,即可得到预测模型:

$$\hat{X}^{(1)}(k+1)=\left[x^{(0)}(1)-\frac{\mu}{a}\right]\mathrm{e}^{-ak}+\frac{\mu}{a}, k=0,1,2,\cdots,n。$$

(5)模型检验(后验差检验)。

①计算原始序列的标准差 S_1。

$$S_1=\sqrt{\frac{\sum\left[X^{(0)}(i)-\bar{X}^{(0)}\right]^2}{n-1}}$$

②计算绝对误差序列的标准差 S_2。

$$S_2=\sqrt{\frac{\sum\left[\Delta^{(0)}(i)-\bar{\Delta}^{(0)}\right]^2}{n-1}}$$

③计算方差比。

$$C=\frac{S_2}{S_1}$$

④计算小误差概率。

$$P=P\{\left|\Delta^{(0)}(i)-\bar{\Delta}^{(0)}\right|<0.6745 S_1\}$$

$$e_i=\left|\Delta^{(0)}(i)-\bar{\Delta}^{(0)}\right| \quad S_0=0.6745 S_1 \quad P=P\{e_i<S_0\}$$

GM(1,1)预测精度等级划分标准如表 1-3 所示。

表 1-3 预测精度等级划分

P 值	C 值	精确度等级
>0.95	<0.35	好
>0.80	<0.50	合格
>0.70	<0.65	勉强合格
≤0.70	≥0.65	不合格

3. BP 神经网络预测模型

1) BP 神经网络的基本原理

BP 神经网络(back propagation)是一种多层前馈神经网络,该网络的突出特点是调整网络权值的训练算法是反向传播算法,即 back propagation 学习算法。BP 神经网络是当前应用范围最为广泛的网络之一。有统计称,80%左右的神经网络模型采用了 BP 神经网络或者其变异形式。

BP 神经网络是一种包含 3 层或 3 层以上神经元的神经网络,拥有输入层、中间层(隐含层)和输出层,相邻两层之间实现全连接,且同一层上的神经元之间无连接,BP 神经网络的结构如图 1-2 所示。

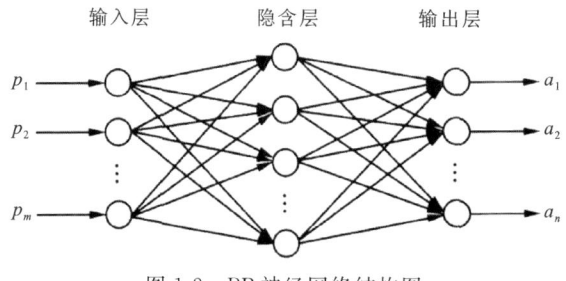

图 1-2 BP 神经网络结构图

BP 神经网络算法是在将学习样本提供给输入神经元后,神经元的激活值从输入层经过各隐含层向输出层传播,在输出层的各神经元获得网络的输入响应,然后按照减少网络输出与实际输出样本之间误差的方向,从输出层反向经过隐含层回到输入层,从而逐步修正各连接权值,这种算法即称为"误差反向传播算法"。而随着这种误差逆向传播修正的反复进行,网络对输入模式响应的正确率也不断上升。BP算法的核心是数学中的"负梯度下降"理论,即BP网络的误差调整方向总是沿着误差下降最快的方向进行。

BP神经网络算法是以样本数据的期望输出与实际值之间的最小误差为目标进行的一种机器学习,学习的实质是通过不断地修正权值,使得期望输出值与实际值之间的误差尽可能地小,直到达到我们规定的误差范围,样本训练才能结束。BP神经网络预测的误差反向传递算法的灵感来源于人类神经元的功能,通过对神经元的模拟训练,可以储存及学习大量的数据,数据不需要具备特殊的映射关系,只需确认输入和输出数据,基于不同的转移函数系统会进行自学习。

2) BP神经网络的预测过程

BP神经网络的预测大致可以分为两个阶段:第一个阶段是先将已知的样本值导入,通过预先设计好的网络结构计算出神经元的输出;第二个阶段是误差反向传播,从后向前计算各个权值阈值对误差的不同影响,根据误差最小的原则进行修正。这两个过程反复交替,直到达到预期。

BP神经网络的实现步骤如下:

(1) 设置初始网络。根据交易数据选定输入输出神经元 (X,Y),同时设置好网络输入神经元的节点数 n,隐含层节点数 h,输出层节点数 m。选择适合的激活函数,给出学习速率。初始化连接权值 W_{ij}、W_{jk},隐含层阈值 a,输出层阈值 b。

(2) 隐含层计算规则。根据连接权值 W_{ij} 及隐含层阈值 a,计算隐含层输出 H。

$$H_j = f\left(\sum_{W_{ij}}^{n} W_{ij} - a_j\right) \quad j = 1, 2, \cdots, l$$

式中:l 为隐含层节点数;f 为激励函数。激励函数的表达式为

$$f(x) = \frac{1}{1 + \frac{1}{e^{-x}}}$$

(3) 输出层输出计算。根据隐含层输出 H,连接权值 W_{ij} 和阈值 b,计算神经网络的预测输出 O。

$$O_k = \sum_{j=1}^{l} H_j W_{jk} - b_k \quad k = 1, 2, \cdots, m$$

(4) 误差输出。根据已知的期望值 Y 与预测值 O,计算出误差 e。

$$e_k = Y_k - O_k \quad k = 1, 2, \cdots, m$$

(5) 权值迭代更新。根据误差 e 反向传播更新连接权值 W_{ij},W_{jk}。

$$W_{ij} = W_{ij} + \eta H_j (1 - H_j) x(i) \sum_{k=1}^{m} W_{jk} e_k \quad j = 1, 2, \cdots, l$$

$$b_k = b_k + e_k \quad k = 1, 2, \cdots, m$$

(6) 阈值迭代更新。根据误差 e 反向传播原理更新阈值 a,b。

$$a_j = a_i + \eta H_j (1 - H_j) \sum_{k=1}^{m} W_{jk} e_k$$

$$b_k = b_k + e_k \quad k = 1, 2, \cdots, m$$

(7) 根据误差反向传递的原理不断迭代,直到误差达到规定的范围,则训练结束。

1.4.2 矿产资源供需预测的主要影响因素

影响矿产资源需求的因素是多方面的,如果大致分类,可以分为供给因素和需求因素,主要包括国

内生产总值及其增长率、人均国内生产总值及其增长率、人口及其增长率、经济社会发展阶段、科技进步、产业结构、再生资源的回收利用水平、资源状况、对进口的依赖程度及资源政策等。

1. 国民经济发展

国内生产总值及其增长率、人均国内生产总值及其增长率是一个社会发展阶段的重要标志,国内生产总值规模及其增长速度、人均国内生产总值高低不同,其矿产品消费水平也不相同。可以说国内生产总值规模、人均国内生产总值高低是矿产品需求最重要的影响因素。因此,需要准确预测未来国内生产总值、人均国内生产总值及其增长率。

2. 未来人口态势

由于我国人口基数巨大,每年新增人口数量很大。根据目前我国的人口增长趋势,我国人口还将继续增长,我国人口的峰值可能在21世纪30年代中期到来,峰值大约为14.8亿人。人口数量及增长态势对未来河北省的能源和资源的需求同样具有重要影响。

3. 科技进步

虽然国民经济的发展规模是决定矿产品需求水平最重要的因素,但是,用于生产物品和服务的矿产品品种与数量的变化也是预测未来矿产品需求不可缺少的重要因素。随着科学技术的进步,国民经济各领域消费矿产品的数量与品种均会发生相应的变化。生产过程中一种原材料替代另一种原材料是科技的进步。因此,在进行矿产品需求长期预测(20~30年)时,必须对这一替代因素作出定性的评价。

科技进步总体上使矿产资源的消费量减少,提高了资源的利用效率,并使一些资源丰富的矿产品替代资源稀缺的矿产品。同时,科技进步大大减轻了社会与经济发展对某些矿产资源包括能源资源需求的压力。如光导纤维的广泛使用使得铜金属在通信领域的消费大幅减少;核能的利用对减少传统能源(如煤炭、石油、天然气等)的需求起到了重大作用。核电占全世界发电量的17.0%左右。如果受控核聚变获得解决,那么人类将最终解决能源问题。因此,科学技术进步对矿产资源数量与品种需求的变化具有非常重要的影响。

4. 产业结构变化

不同的国家,同一个国家不同的社会经济发展阶段,其产业结构均不相同,产业结构不同,则其对矿产资源的需求具有很大的差别。产业结构的不同最主要表现在一个国家国民经济第一产业、第二产业和第三产业所占比重的差别。一般来说,越是发达的国家,对矿产资源(矿产品)的需求及需求增长速度则相对要小;反之,发展中国家第一产业和第二产业所占比重大,尤其是第二产业,其对矿产资源的需求及需求增长速度均相对要大。

从当前我国社会经济发展状况看,我国国民经济第一产业的比重仍然比较大,但已呈下降趋势;第二产业处于主导地位,其比重稳中有降,但与实现工业化的国家相比,在质量上还存在较大的差距;第三产业发展迅速,其比重呈上升趋势。总的来说,我国处于工业化的中期阶段,在这一阶段,我国经济社会发展对矿产资源(矿产品)的需求仍然保持较高的水平及一定的增长速度,但未来增长速度会逐步减缓。河北省的状况与国家整体状况相似。

5. 矿产资源

预测主要考虑本国或本地区的矿产资源储量、资源量(资源潜力),其他国家或地区可以提供的潜在资源(表1-4)。

表 1-4 资源供给的主要影响因素

类别	指标
国内资源禀赋	资源储量
	静态保证年限
	储采比
	资源质量
	资源储量探明程度
	含量替代率
	含量分布集中度
国内资源生产保障能力	国内资源产量占世界总产量的比例
	国内资源生产集中度
	资源消费对外储存度或自给率
	资源生产增长速度与消费需求增长速度比
国内资源节约与利用	回采率
	采收率
	资源消费弹性系数
	单位GDP能耗(矿耗)
	资源利用效率
国际市场可行性	世界资源保证年限
	国际资源
	资源进口份额
	海外份额产量占进口总量的比例
	资源进口集中度
	进口资源的运输安全
制度和技术保障	储备水平
	科技创新能力
	国际公约的履行情况
	国家安全政策的完整性
	政治影响力
	经济实力
	对资源供应地的军事控制和干预能力

6. 再生资源回收率

影响非燃料矿产,尤其是金属矿产供应的另一个重要因素是再生金属的利用。当前,某些金属总供应量中超过40%来自再生金属。因此,在预测未来矿产品需求时必须对某些矿产再生资源回收率的变化作出评价。

当一个经济社会发展到一定阶段,其基本金属的积累也达到较高水平,再生资源的利用在满足经济社会发展对矿产资源的需求中将起到越来越大的作用。再生资源的充分利用可以节约大量的自然资源,缓解经济社会发展对矿产资源需求的压力,对环境保护、经济社会的可持续发展等方面同样具有十分重要的意义。因此,分析再生资源在未来矿产品消费中所占比重对准确预测未来矿产资源的需求同样具有重要意义。

可以说影响矿产资源需求的因素是多方面的,因此在预测未来矿产资源的需求时,必须充分考虑各种因素,以便使预测结果更接近实际,从而制定出科学合理的资源政策。表1-4为资源供给的主要影响因素,包括国内资源禀赋、国内资源生产保障能力、国内资源节约与利用、国际市场可行性、制度和技术保障5个大方面的内容,共29项具体指标。

1.4.3 资源安全分析方法

1. 资源安全分析常用方法

影响矿产安全的因素包括资源本身因素、政治因素、经济因素、运输因素、军事因素等诸多方面,大致可以归纳为资源供应安全、贸易安全和市场安全3个方面。资源供应安全主要体现在矿产资源的储量和可供性,体现了资源的丰富程度和供应能力;贸易安全是指在受到不利因素冲击时,能够保持较强竞争力和足够风险抵御能力,保障贸易额维持在稳定状态,贸易安全包括保障正常贸易交易顺利进行、将贸易发展纳入国民经济发展体系、有效防范外国经济波动对本国或地区的影响等;市场安全主要指应对诸如价格、利率、合作体系构建等市场风险,保障矿产资源供需市场稳定。

对矿产资源安全的研究,周娜等(2020)将战略性矿产资源安全影响因素划分为全球资源供应稳定性、国内资源经济安全、优态共存性三大类别,从资源禀赋、资源国风险、地缘政治、供应、需求、市场等维度构建了评价指标体系。吴巧生和薛双娇(2019)提出,为化解中美贸易变局带来的风险,中国关键矿产资源供给安全政策安排可以考虑从以下两个方面综合施策:一是科学厘定关键矿产资源种类,评估其安全性,并进行动态监测与预警;二是经略全球资源,以资源、产业和市场为纽带,适应生态文明建设要求,实现资源战略转变,谋划中国百年发展空间。王东方和陈伟强(2018)从对外依存度和市场集中度两个方面,构建了铝土矿进口资源安全程度评价矩阵,以评价中国铝土矿的资源供应安全程度。余敬等(2017)从可用性、可获性、可持续性、技术发展4个维度构建重要矿产资源安全评价指标体系,并应用GRA-TOPSIS组合的集成评价法进行了实例验证。杨欣等(2016)从资源禀赋、供求状态、可持续发展能力、国防保障能力等方面构建了基于模糊综合评价法的战略性矿产资源经济安全评价体系,应用专家打分法确定权重,采用模糊综合评价法进行评价。严筱等(2016)应用PSR(Pressure-State-Response)模型,对我国7种重要矿产资源(煤、石油、天然气、铁、铜、钾盐、稀土)2002—2012年的安全程度进行评价。王宇等(2013)将矿产资源安全问题划分为环境、供应链、运输、国际市场、交易、可持续发展等方面的安全,并运用级别划分理论确定评价准则,进而采用层次分析法确定各指标权重,从而构建了评价指标体系。胡静峰(2011)基于自由贸易理论,结合我国当前的贸易结构和贸易形势,研究我国矿产资源安全的现状,进而提出改善大宗矿产资源供需谈判的不利地位,争取有利的进口价格,拓宽大宗矿产资源的贸易国范围,增加进口矿产资源的渠道来源,降低矿产资源贸易风险,加强矿产资源监管体系建设,加大节能减排力度,增加矿产资源的利用效率,开发新型能源,推广使用可再生、可替代材料,加大国内矿产资源的勘探力度等策略。姜鸿和张艺影(2011)提出了中国维护矿产资源供给安全的FTA谈判对象国的"3R"[外交关系(relationship)、丰富的矿产资源(resource)、互惠的合作前景(reciprocity)]选择原则,构建分层的中国自由贸易区谈判对象国,并提出关税减让方面让步、以技术和资金换取资源、以资源换资源、以组合方式换取资源等自由贸易协定内矿产资源的获取模式。永学艳和陈建宏(2010)将矿产资源安全划分为国内资源禀赋、供应和需求状况、国家安全保障3个方面和16个指标,并应用AHP法对石油、铁矿、钨矿进行安全评价。冯进城(2010)将矿产资源安全划分为资源因素、技术因素、经济因素和政策因素4类指标,采取主成分分析法与聚类分析法进行了指标评价。此外,还有许多专家研究了矿产资源可供性问题,分析方法主要包括储采比(Bartlett,2006),Hubbert 模型(李天骄等,2019),可供性分析系统(闫军印和齐阔,2018),多主体复杂网络(Riddle et al.,2015),CAC 曲线(Yaksic and Tilton,2009),系统动力学(Sverdrup et al.,2014),神经网络(龚婷和郑明贵,2014)等。

2. PSR 模型

所谓的 PSR 为 Pressure-State-Response 的简写,即压力-状态-响应框架。PSR 概念模型最早是由联合国经济合作与发展组织(OECD)和联合国环境规划署(UNEP)为了评价世界环境状况提出并建立的。

目前,PSR 模型在资源安全评价中应用广泛,如游文荪等(2009)、鹿海员等(2011)对水资源安全与承载力的评价,谷树忠和姚予龙(2006)、姚予龙(2010)对国家资源安全的评价,迟春浩和黎永亮(2004)、李小亮等(2008)、郭金栋和王恩元(2010)、王昶等(2013)对资源安全的评价,于谨凯和高磊(2009)对海洋资源的评价,刘渝和张俊飚(2010)对粮食安全的评价等。

PSR 模型构建过程如下。

1)数据标准化处理

采用极值化处理法对原始数据进行标准化处理,公式如下

正向指标:$x_{ij}^* = \dfrac{x_{ij} - \min(x_{ij})}{\max(x_{ij}) - \min(x_{ij})}$

逆向指标:$x_{ij}^* = \dfrac{\max(x_{ij}) - x_{ij}}{\max(x_{ij}) - \min(x_{ij})}$

2)综合评价值计算

采用多目标加权法计算评价指标的综合评估值,计算公式为

$$V = \sum_{i=1}^{n} Y_i \sum_{j=1}^{n} W_{ij} P_{ij}$$

式中:V 为综合评估值;Y_i 为第 i 子系统的权重;W_{ij} 为第 i 子系统层第 j 项指标的权重;P_{ij} 为第 i 子系统第 j 项指标的标准化值。

3)PSR 协调度计算

运用协调度函数衡量系统内部的协调程度,协调度函数根据系统之间距离大小和离散程度来判断其协调性。PSR 协调度计算公式为

$$C = \dfrac{P + S + R}{\sqrt{P^2 + S^2 + R^2}}$$

式中:C 为协调度指数,P、S、R 分别为压力、状态、响应的得分。三者的数值越接近,那么 C 的值越接近 1.732,表明协调度越高,进而表明压力、状态、响应 3 个子系统之间的相互作用越协调;反之,则协调度越低,3 个子系统之间的相互作用协调度欠佳。

第 2 章 国内外社会经济环境及矿业形势分析

2.1 国内外社会经济环境

2.1.1 国际环境分析与预测

当今世界面临百年未有之大变局,国际格局和国际体系正在发生深刻调整,全球治理体系正在发生深刻变革,国际力量对比正在发生近代以来最具革命性的变化,世界范围呈现出影响人类历史进程和趋向的重大态势,矿产资源供需格局加快重塑。2020 年新冠肺炎疫情全球大流行,为世界百年未有之大变局增添了新的变量,受新冠肺炎疫情影响,2020 年全球资源供应能力遭到破坏,资源供应链脆弱性凸显。根据《全球矿业发展报告(2020—2021)》的不完全统计数据,2020 年先后有 36 个国家或地区一度关停 276 座矿山,受疫情影响的采矿业项目超过 1600 个。受疫情影响,2020 年全球主要矿产品产量总体下降了 3.7%,其中,能源、金属和非金属矿产品产量同比分别下降 5.1%、1.4% 和 0.5%,能源和矿产品生产下降幅度高于消费下降幅度。随着各国疫情防控措施的陆续实施,全球矿业生产活动逐步恢复,但仍未达到疫情前水平。

随着俄乌冲突的不断升级,美国及其盟友对俄罗斯发起极限制裁,将世界经济政治化、工具化、武器化,对国际粮食价格、能源价格造成巨大的冲击,令全球供应链"梗阻"越发严重,给艰难复苏中的世界经济设置了更多的阻碍。同时,全球能源体系、矿业体系也受到了巨大的影响,原油、天然气、贵金属、镍、铝等矿产资源市场产生较明显的波动。

此外,气候变化是一个典型的全球性问题,成为当前人类社会面临的挑战之一。发展清洁能源、可再生能源、生物能源,加强新技术的研发,发展循环经济,使能源利用最大化,利用生态系统固碳、增加碳汇,倡导低碳生活和绿色出行等成为对气候变化的积极应对举措,而这些举措无疑会推动人类社会生产生活方式向绿色低碳转型,也会对矿业的发展产生巨大的影响。

未来,世界多极化格局将进一步深入发展,中国的和平崛起成为推动世界经济发展的有效力量,东亚地区有望取代欧洲成为世界的中心。未来各国与中国和美国的关系构建将更多地考虑自身的利益,双轨制的沟通战略即经济上贴近中国、安全上依赖美国的战略将成为更多国家的选择。俄乌军事冲突的影响将持续,此外,中东、南亚和非洲的安全冲突存在着进一步加剧的风险。在气候变化压力上,绿色低碳共识度不断提升,全球产业结构调整不断深化。这些将对未来全球矿业发展带来极大的影响。

2.1.2 国内环境分析与预测

在全球经济低迷、俄乌冲突、新冠肺炎疫情等因素的多重冲击下,中国经济表现出总量大、增长速度稳、发展后劲足的强大韧性,经济发展保持全球领先地位,为艰难复苏的世界经济不断注入新动力。2021年是"十四五"开局之年,尽管新冠肺炎疫情仍在全球肆虐,世界经济艰难复苏,中国经济却展现出强大的韧性与活力。稳中有进,以创新为显著特征的新动能正让中国经济呈现新气象、焕发新活力。2021年,我国国内生产总值(GDP)比上年增长8.1%,两年平均增长5.1%,在全球主要经济体中名列前茅;经济规模突破110万亿元,达到114.4万亿元,稳居全球第二大经济体;人均GDP突破8万元,2021年我国人均GDP达到80 976元,按年平均汇率折算达12 551美元。

从整体上来看,当前国内外形势不稳定性、不确定性因素增加,形势更趋复杂严峻。从外部形势来看,全球通胀、供应链短缺、国际局势等问题短期内难以完全解决,经济复苏和增长仍面临不确定性。从内部形势看,我国经济发展面临需求收缩、供给冲击、预期转弱等压力。中国经济发展体现出如下特征:

第一,受新冠肺炎疫情反复冲击和影响,市场主体困难明显增加,我国经济发展受到较大影响,不稳定和不确定因素增多,经济下行压力持续加大,但我国经济长期向好的基本面没有改变,中国有能力继续成为世界经济"稳定器"。

第二,产业链、供应链安全隐患可能更加突出。受全球疫情影响,各国产业发展均受到较大影响,产业链、供应链安全隐患明显;美国与我国的战略竞争有可能对我国更多领域的关键零部件供应形成更大的安全挑战;俄乌军事冲突持续,美国制裁与俄罗斯反制裁持续,影响全球供应链安全。

第三,通胀压力将有所增加。2022年以来,在全球疫情和乌克兰危机持续影响下,全球供应链、产业链面临较大压力,初级产品价格高位运行,各国通胀压力显著上升,4月份我国居民消费价格涨幅也创2021年11月份以来的新高,CPI环比上涨0.4%,同比上涨2.1%,有专家预测2022年CPI涨幅呈现逐步回升态势。

第四,地方政府偿债压力将进一步加大。面对经济下行压力持续的局面,财政收入增长将有所放缓,同时,债务还本付息加重,地方政府债务规模或将进一步增加。

第五,中小企业经营困难。国内消费、投资等恢复仍然较慢,叠加原材料、物流及人工成本上涨,中小企业生产经营困难增大,裁员减员情况较多,现金流紧张,甚至导致不少企业出现破产和倒闭。

第六,绿色发展成为主要导向。2020年9月国家主席习近平在第七十五届联合国大会上宣布,中国力争2030年前二氧化碳排放达到峰值,努力争取2060年前实现碳中和目标。2021年10月,《中共中央 国务院关于完整准确全面贯彻新发展理念做好碳达峰碳中和工作的意见》以及《2030年前碳达峰行动方案》两个重要文件的相继出台,推动重点领域和行业的配套政策出台。把生态优先、绿色发展的要求落实到产业升级之中,持续推动产业绿色低碳化和绿色低碳产业化,努力走出一条产业发展和降碳减污双赢的新路是未来发展的主要导向。

第七,高效统筹疫情防控和经济社会发展。坚持"动态清零"的疫情防控的总方针和克服经济发展面临困难保持社会大局稳定协同发展成为总体目标。根据国家统计局公布数据,2022年5月份,我国制造业采购经理指数、非制造业商务活动指数和综合PMI产出指数同步回升,分别为49.6%、47.8%和48.4%,虽低于临界点,但明显高于4月份2.2个、5.9个和5.7个百分点。这表明近期疫情形势和国际局势变化等因素对经济运行造成较大冲击,但随着高效统筹疫情防控和经济社会发展成效显现,我国经济景气水平较4月份有所改善。因此,高效统筹疫情防控和经济社会发展是可行的,也将成为未来我国持续坚持的方针。

2.1.3 河北省社会经济发展概况

根据《河北省2021年国民经济和社会发展统计公报》公布的数据,2021年河北省生产总值实现40 391.3亿元,比2020年增长6.5%。其中,第一产业增加值4 030.3亿元,增长6.3%;第二产业增加值

16 364.2亿元,增长4.8%;第三产业增加值19 996.7亿元,增长7.7%。三次产业比例为10.0∶40.5∶49.5。全省人均生产总值为54 172元,比2020年增长6.5%。年末全省常住总人口7448万人,比上年末减少16万人。2016—2021年,河北省经济发展、人口、人均GDP、三次产业产值数据如表2-1所示。

表2-1 河北省经济发展情况主要数据

年份	GDP/亿元	人口/万人	人均GDP/元	第一产业/亿元	第二产业/亿元	第三产业/亿元
2016	28 474.1	7375	38 688	3 082.5	12 332.3	13 059.3
2017	30 640.8	7409	41 451	3 130.0	12 778.0	14 732.8
2018	32 494.6	7426	43 808	3 338.6	12 904.1	16 252.0
2019	34 978.6	7447	47 036	3 518.4	13 393.7	18 066.5
2020	36 013.8	7464	48 302	3 880.4	13 765.1	18 368.4
2021	40 391.3	7448	54 172	4 030.3	16 364.2	19 996.7

数据来源:国家统计局分省年度数据(2016—2020)。

从表2-1可以看到,2016—2021年河北省经济呈现出较为稳定的增长态势,年平均增长率为7.24%。2020年受新冠肺炎疫情的影响,增长率略有下降,为2.96%;与整体经济增长相对应,河北省人均GDP在2016—2021年间也保持稳定的增长态势,年均增长率为6.96%,2020年受新冠肺炎疫情的影响,增长率略有下降,为2.69%。河北省经济走势如图2-1所示。

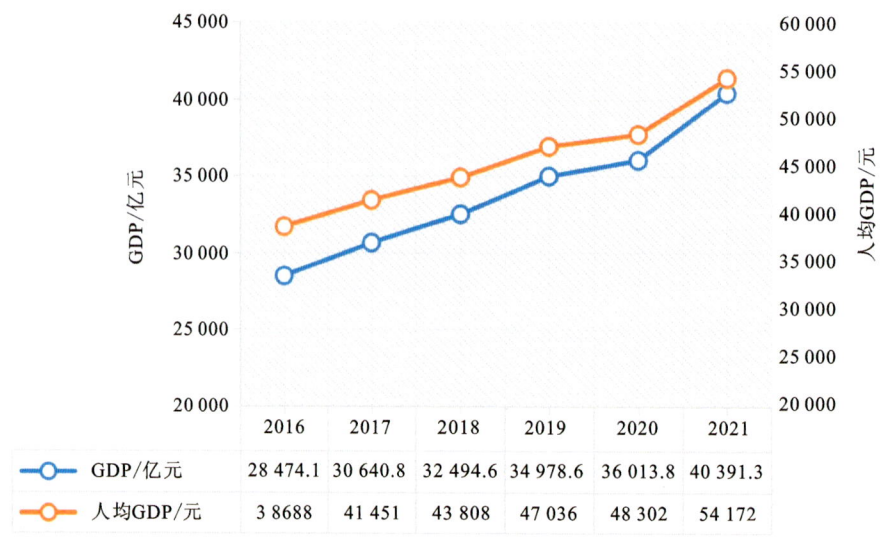

图2-1 2016—2021年河北省经济发展态势

从三次产业来看,2016—2021年间,河北省第一产业由3 082.5亿元增长到4 030.3亿元,年均增长率为5.51%;第二产业由12 332.3亿元增长到16 364.2亿元,年均增长率为5.82%;第三产业由13 059.3亿元增长到19 996.7亿元,年均增长率为8.89%。2016—2021年河北省三次产业发展态势如图2-2所示。

2016—2020年,河北省人口呈现出缓慢增长的态势,2021年河北省常住人口减少16万人,人口增长率为-0.21%,为13年来再次出现常住人口负增长,上一次河北省常住人口出现负增长是在2007年。2016—2021年间,河北省人口年均增长率为0.20%。2016—2021年河北省常住人口数量如图2-3所示。

第 2 章 国内外社会经济环境及矿业形势分析

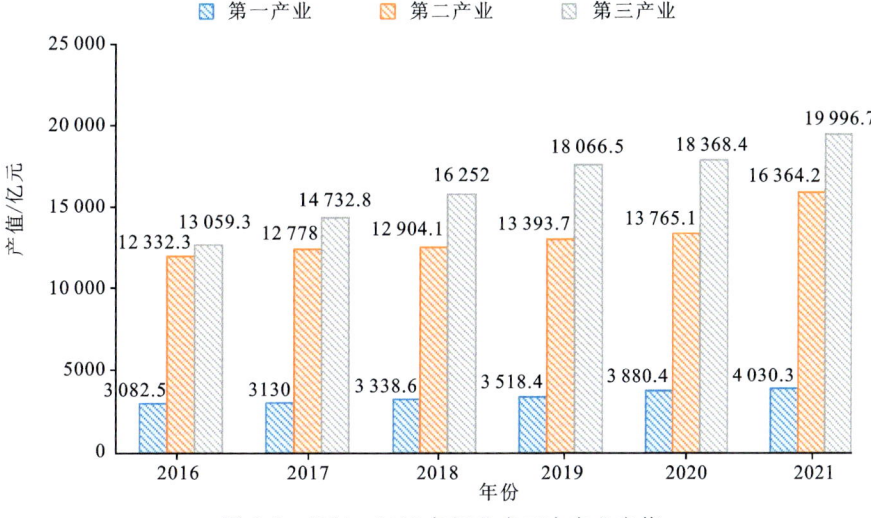

图 2-2 2016—2021 年河北省三次产业产值

图 2-3 2016—2021 年河北省常住人口数量

2021 年河北省全社会固定资产投资比上年增长 3.0%,继 2020 年之后增长率持续下降。河北省全社会固定资产投资增长率自 2009 年达到峰值点之后保持着较为稳定的下降态势。2009—2021 年河北省固定资产投资比上年增长情况如表 2-2 所示。

表 2-2 2009—2021 年河北省固定资产投资比上年增长

年份	2009	2010	2011	2012	2013	2014	2015
增长率/%	34.4	27.5	18.9	14.7	13.3	11.7	7.0
年份	2016	2017	2018	2019	2020	2021	
增长率/%	4.3	1.6	6.0	6.1	3.2	3.0	

数据来源:《河北经济年鉴(2010—2021)》《河北省 2021 年国民经济和社会发展统计公报》。

2009—2021 年河北省固定资产投资比上年增长变化情况可以由图 2-4 进行更加清晰的展示。

2021 年,全省居民人均可支配收入 29 383 元,比 2020 年增长 8.3%;全省居民人均消费支出 19 954 元,比 2020 年增长 10.6%。整体来看,河北省全体居民人均可支配收入和人均消费支出均保持了稳定的增长态势。2012—2021 年河北省全体居民人均可支配收入和人均消费支出数据如表 2-3 所示。

图 2-4　2009—2021 年河北省固定资产投资比上年增长变化

表 2-3　2012—2021 年河北省全体居民人均可支配收入和人均消费支出

年份	2012	2013	2014	2015	2016
全体居民人均可支配收入/元	13 647	15 190	16 647	18 118	19 725
全体居民人均消费支出/元	9773	10 872	11 932	13 031	14 247
年份	2017	2018	2019	2020	2021
全体居民人均可支配收入/元	21 484	23 446	25 665	27 136	29 383
全体居民人均消费支出/元	15 437	16 722	17 987	18 037	19 954

数据来源：国家统计局分省年度数据（2012—2020），《河北省 2021 年国民经济和社会发展统计公报》。

将 2012—2021 年河北省全体居民人均可支配收入和人均消费支出数据制图，得到近 10 年河北省全体居民人均可支配收入和人均消费支出的变化曲线如图 2-5 所示。

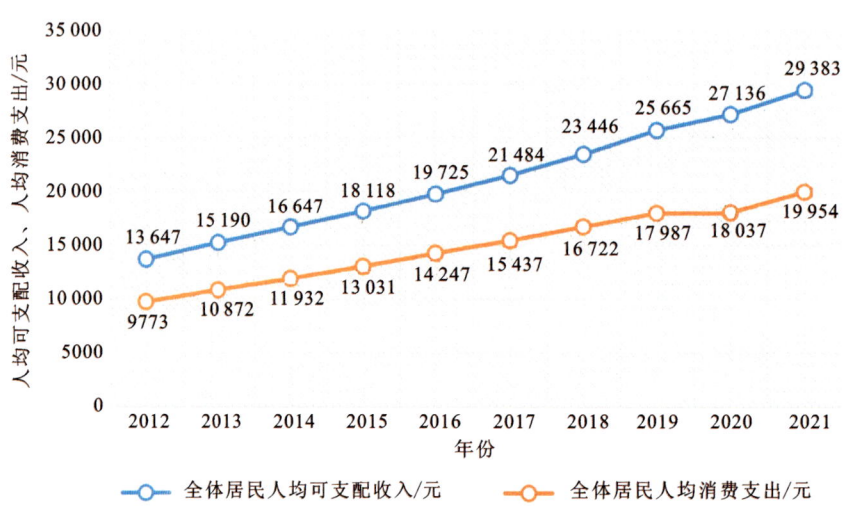

图 2-5　2012—2021 年河北省全体居民人均可支配收入和人均消费支出

从图 2-5 可以看到,河北省全体居民人均可支配收入和人均消费支出均呈现出稳定增长的态势,且人均可支配收入增长的速度要高于人均消费支出的增长,从具体数据来看,2012—2021 年河北省全体居民人均可支配收入和人均消费支出的年增长率分别为 8.89% 和 8.25%。居民收入能力和消费能力的不断增长,为河北省形成消费拉动内需奠定了良好的基础,对矿业经济发展形成了有效的促进。

2.2 矿业形势分析

2.2.1 全球矿业发展形势

根据《全球矿业发展报告(2020—2021)》公布的内容,受新冠肺炎疫情全球大流行的影响,全球矿业显现出如下特点:

第一,2020 年,全球矿产资源消费呈现出总体下降、结构分化的趋势。其中,能源总消费量 133.5 亿 t 油当量,较 2019 年下降 4.5%,为"二战"以来最大降幅。化石能源消费下降明显,全球石油消费量 40.1 亿 t,同比下降 9.7%;煤炭消费量 72 亿 t,同比下降 4.2%;天然气消费量 3.82 万亿 m^3,同比下降 2.3%。但可再生能源消费逆势上升,同比增长 9.7%;部分大宗金属矿产消费出现小幅下降,铁、铝分别下降 0.2% 和 0.7%;新能源产业所需矿产消费保持较快增长,铜、锂、钴分别增长 6.2%、15.3% 和 7.3%。

第二,全球资源供应能力遭到破坏。2020 年全球主要矿产品总产量,较 2019 年下降 3.7%。其中,能源、金属和非金属矿产品产量同比分别下降 5.1%、1.4% 和 0.5%,能源和矿产品生产下降幅度高于消费下降幅度。全球资源供应能力下降会导致资源供应链脆弱性的进一步凸显。

第三,全球主要矿产品价格呈"V"形震荡反弹,勘查投入和采矿业投资急剧下挫后逐步回升,金、锂矿投资热度高涨。疫情初期,全球勘查投入、矿产品价格、采矿业投资等均大幅下降。2020 年 4 月份开始,主要矿产品价格快速反弹并在高位震荡,黄金、铜、铁等矿产价格先后创历史新高,市场对贵金属和新兴矿产的投资预期大幅增长。2020 年,全球矿产勘查投入、采矿业投资总额分别为约 83 亿美元、2900 亿美元,相比 2019 年分别减少 11%、13%,2021 年有望恢复至 2019 年水平。

第四,疫情以来矿产品的金融属性起到了重要的作用,期货对矿产品的定价影响增强,全球矿业呈现出资源金融化的新特点。全球矿业资本市场先抑后扬,矿业板块受到资本关注度显著提升,2020 年全球矿业项目融资数量和金额,同比分别增长 17% 和 25%,2021 年上半年延续"量价齐升"态势,同比分别增长 12% 和 261%。

第五,主要国家和地区矿业政策密集调整,矿业投资环境分化,挑战与机遇并存。受经济衰退、地缘政治、国际贸易、投资受阻等多重因素影响,全球矿业投资主要呈现三大风险,即以政权更迭、社会动荡为主要特点的政治和安全风险增加,以加税、国有化为主要特点的保护主义抬头,以增加安全审查为主要特点的矿业投资壁垒升高。同时,疫情以来,东南亚、拉美等部分矿业国家财政困难、贫富分化加剧,国民经济对矿业更加依赖,通过放松矿业管制、吸引国际投资,推动本国矿业行业发展,促进经济恢复。

第六,矿业公司积极应对疫情,业绩和综合实力持续分化,加快布局新能源矿产。2020 年下半年以来,矿业公司业绩普遍回升,营收和市值持续上涨。2021 年上半年,全球矿业公司总市值最高涨至 2.31 万亿美元,为 2012 年以来的最高点;全球 50 强矿业公司市值总和达到 1.47 万亿美元,创历史新高。矿业巨头综合实力进一步提升,不断加大科技创新力度,加快智慧矿山建设,加速布局铜及锂、钴、镍等新能源矿产。

第七,气候变化推动人类生产生活方式向低碳转型,全球矿产资源供需结构和矿业格局正孕育重大变化。随着低碳革命的持续推进,冶炼、化工等高碳重化工业发展受到抑制,煤电、钢铁、炼铝等行业面临巨大碳排放压力,产业规模和生产方式将发生重大调整。新能源、新材料、高端装备等产业加速发展,成为全球产业投资重心。低碳经济背景下的产业结构重大变革,将促使传统矿产资源需求增速进一步放缓,清洁能源、战略性新兴矿产需求快速增长。煤炭、石油、铁、锰等传统能源资源供应国的地位将有所下降,锂、钴、镍等战略性新兴矿产供应国的地位不断上升。

2.2.2 中国矿业发展形势

2020年以来,中国迅速控制疫情,经济快速复苏,发挥世界经济引擎作用,有效拉动了能源资源消费需求,带动全球矿业市场回暖。2020年,在全球矿产资源需求总体萎缩的情况下,中国逆势增长,为稳定全球矿业市场发挥了重要作用。同时,中国通过互惠互利的国际矿业合作,与世界各国建立积极的矿产资源开发与贸易双边关系,积极维护国际矿产品贸易正常秩序,促进全球矿业开放合作与共同发展。

2020年,美国、日本、欧盟等发达国家和地区能源消费下降明显,同比分别下降7.7%、8.5%和7.5%。中国能源消费上涨2.1%,占全球比例由2019年的24%上升至2020年的26%。2020年主要国家和地区能源消费增幅如图2-6所示。

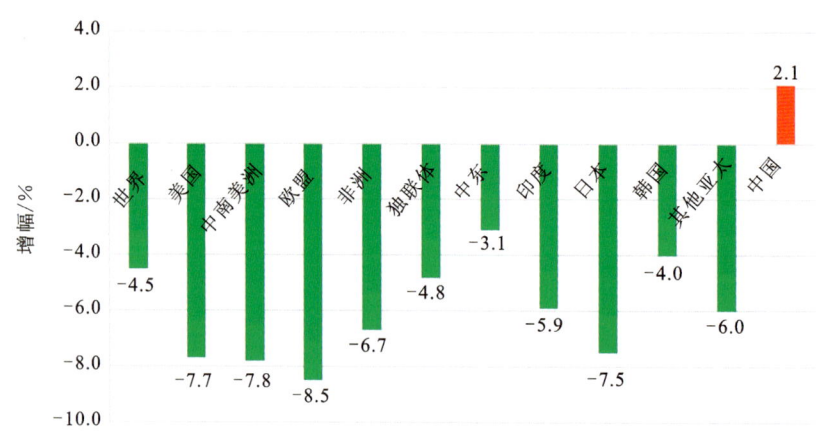

图2-6 2020年主要国家和地区能源消费增幅
(数据来源:《全球矿业发展报告(2020—2021)》)

2019年、2020年主要国家(地区)和能源消费占世界比例如图2-7所示。

2020年,主要经济体钢铁消费量出现大幅下降,分别为美国(−18%)、欧盟(−11.3%)、日本(−16.8%)、韩国(−7.9%)、印度(−13.7%),中国消费逆势增长(9.1%)。主要经济体铜、铝、镍等有色金属消费也出现大幅下降,锂、钴消费微增,中国铜、铝及钴、锂、镍等新能源矿产消费总体保持较快增长,2020年同比分别增长17.1%、6.4%、11.1%、23.3%、0.4%。2020年主要国家和地区钢铁消费增幅如图2-8所示。

2020年中国与其他国家新能源矿产消费增幅如图2-9所示。

2021年,全国油气、煤炭、铁矿石、铜精矿,以及支撑新能源产业发展所需的锂、钴等主要矿产品和初级原材料产量普遍增加。其中,原油、原煤、原铝等6种产品产量增幅为0~5%,天然气、铁矿石等8种产品产量增幅为5%~10%,稀土、石墨等8种产品产量增幅超过10%。与此同时,加强优势矿产资源保护,钨精矿、锡精矿、锑精矿等6种矿产品产量较2020年有不同程度的减少,2021年全国主要矿产品生产增长率变化情况如图2-10所示。

第2章 国内外社会经济环境及矿业形势分析

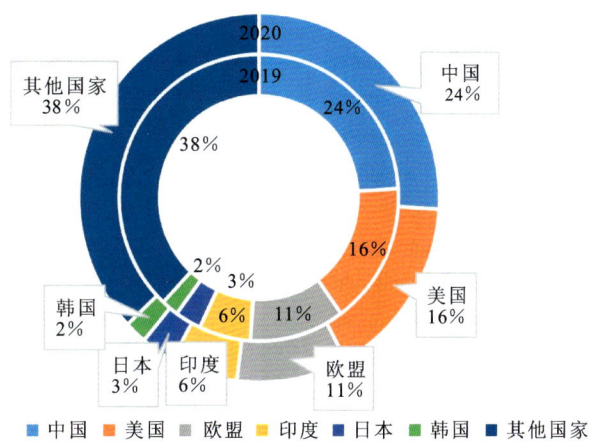

图 2-7 2019年、2020年主要国家(地区)和能源消费占世界比例
(数据来源:《全球矿业发展报告(2020—2021)》)

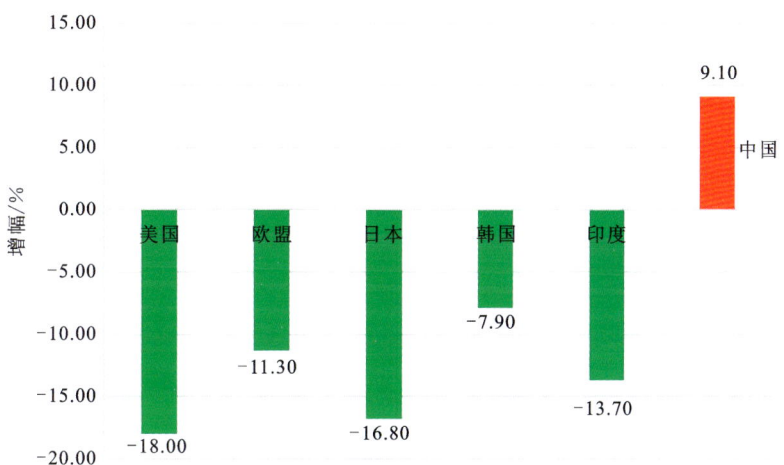

图 2-8 2020年主要国家和地区钢铁消费增幅
(数据来源:《全球矿业发展报告(2020—2021)》)

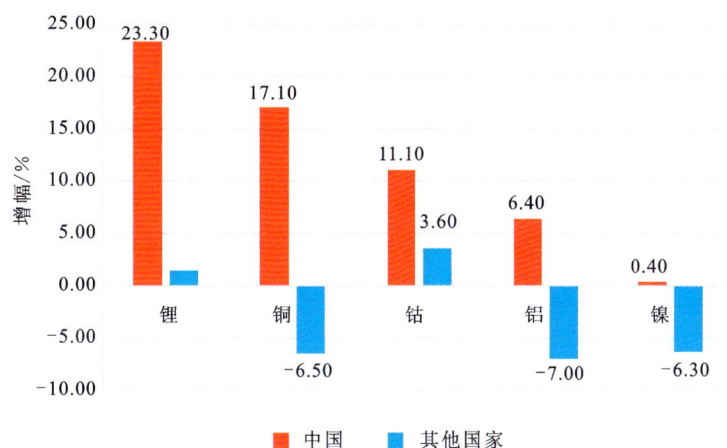

图 2-9 2020年中国与其他国家新能源矿产消费增幅
(数据来源:《全球矿业发展报告(2020—2021)》)

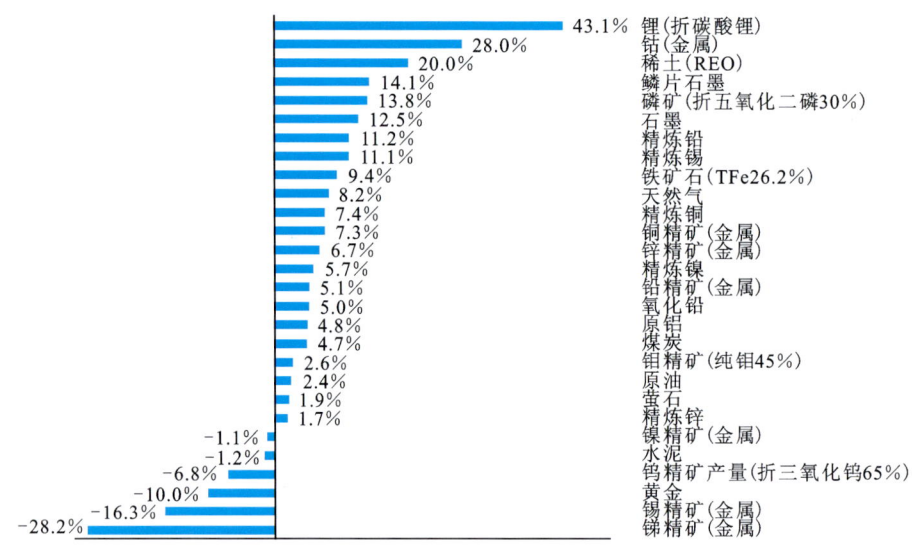

图 2-10　2021 年全国主要矿产品生产增长率变化情况(据陈甲斌等,2022)

从价值角度来看,2021 年全国主要矿产品进出口贸易总额为 7 394.7 亿美元,较 2020 年增长 47.5%。其中,进口总额为 6 882.5 亿美元,较 2020 年增长 48.3%;出口总额为 512.2 亿美元,较 2020 年增长 37.3%。从近 10 年的情况看,我国矿产品进口总额基本相当于出口总额的 9～13 倍(2021 年进口总额是出口总额的 13.44 倍)。也就是说,我国主要矿产品进出口贸易,通常 90% 以上是以进口为主(图 2-11)。

图 2-11　2014—2021 年全国主要矿产品进出口贸易情况

(数据来源:海关总署网站)

从实物角度来看,2021 年全国进口煤炭 3.23 亿 t,较 2020 年增长 6.3%,对外依存度为 7.3%;进口天然气 1 687.4 亿 m³,较 2020 年增长 19.1%,对外依存度为 44.4%;进口铜精矿(实物量)2 340.4 万 t,较 2020 年增长 7.6%,对外依存度达 74.4%;进口原油 5.1 亿 t,较 2020 年下降 5.6%,对外依存度达 72.0%;进口铁矿石 11.2 亿 t,较 2020 年下降 4.3%,对外依存度达 71.6%。此外,进口铝土矿 1.07 亿 t,较 2020 年下降 3.8%,但对外依存度依然超过 50%。2010—2020 年原煤、原油、天然气生产总量与消费总量数据如表 2-4 所示。

第 2 章　国内外社会经济环境及矿业形势分析

表 2-4　2010—2020 年能源生产总量与消费总量

年份	一次能源生产总量/万 t 标准煤	原煤比重	原油比重	天然气比重	能源消费总量/万 t 标准煤	原煤比重	原油比重	天然气比重
2010	312 125	76.2	9.3	4.1	360 648	69.2	17.4	4.0
2011	340 178	77.8	8.5	4.1	387 043	70.2	16.8	4.6
2012	351 041	76.2	8.5	4.1	402 135	68.5	17.0	4.8
2013	358 784	75.4	8.4	4.4	416 913	67.4	17.1	5.3
2014	362 212	73.5	8.3	4.7	428 334	65.8	17.3	5.6
2015	362 193	72.2	8.5	4.8	434 113	63.8	18.4	5.8
2016	345 954	69.8	8.3	5.2	441 492	62.2	18.7	6.1
2017	358 867	69.6	7.6	5.4	455 827	60.6	18.9	6.9
2018	378 859	69.2	7.2	5.4	471 925	59.0	18.9	7.6
2019	397 317	68.5	6.9	5.6	487 488	57.7	19.0	8.0
2020	408 000	67.6	6.8	6.0	498 000	56.8	18.9	8.4

数据来源:《中国统计年鉴 2021》。

根据表 2-4 中原煤、原油、天然气生产总量与消费总量的数据,可以计算出 2010—2021 年原煤、原油、天然气的对外依存度,如图 2-12 所示。

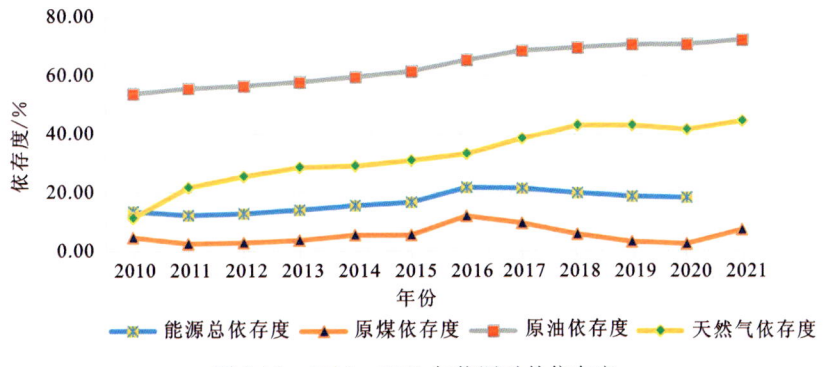

图 2-12　2010—2021 年能源对外依存度

根据陈甲斌等(2022)在《我国矿产品供给形势分析》一文中提供的数据,2021 年我国采矿业固定资产投资较 2020 年增长 10.9%,投资总额约 1.1 万亿元。其中,煤炭开采和洗选业投资 4 010.0 亿元,较 2020 年增长 11.1%;石油和天然气开采业投资 2 425.5 亿元,较 2020 年增长 4.2%;黑色金属矿采选业投资 921.2 亿元,较 2020 年增长 26.9%;有色金属矿采选业投资 1 066.1 亿元,较 2020 年增长 1.9%;非金属矿采选业投资 3 921.7 亿元,较 2020 年增长 26.9%。2010—2020 年采矿业固定资产投资额如表 2-5 所示。

2010—2021 年,我国采矿业固定资产投资变化情况如图 2-13 所示。

表 2-5 2010—2020 年采矿业固定资产投资额　　　　单位：亿元

年份	采矿业	煤炭开采和洗选业	石油和天然气开采业	黑色金属矿采选业	有色金属矿采选业	非金属矿采选业	开采专业及辅助性活动	其他采矿业
2010	9 694.7	3 784.7	2 928.0	1 061.5	1 004.6	883.1		32.9
2011	11 746.8	4 907.3	3 022.0	1 235.4	1 241.2	1 291.0		50.0
2012	13 298.8	5 370.2	3 076.5	1 509.3	1 385.5	1 602.2	310.2	44.8
2013	14 648.8	5 212.6	3 820.6	1 648.4	1 593.5	1 800.4	517.6	55.7
2014	14 537.2	4 684.5	3 947.9	1 661.3	1 625.8	2 049.1	508.3	60.4
2015	12 970.2	4 006.7	3 424.9	1 365.7	1 588.2	2 092.1	424.5	68.2
2016	10 319.7	3 037.7	2 331.0	978.3	1 428.7	2 126.2	342.8	75.0
2017	9 208.9	2 648.4	2 648.9	751.2	1 109.1	1 754.6	237.7	59.1
2018	9 586.5	2 804.7	2 630.4	789.5	1 020.4	2 223.1	236.7	85.7
2019	11 896.8	3 634.8	3 306.4	809.2	1 089.8	2 910.0	284.3	76.4
2020	10 219.4	3 609.4	2 327.7	725.9	1 046.8	3 090.4	292.0	52.3

数据来源：《中国统计年鉴》(2011—2021)。

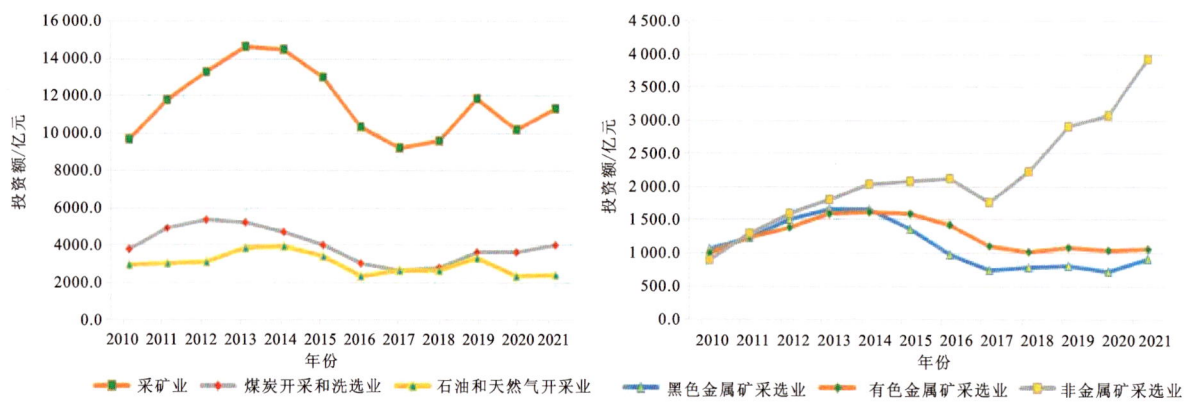

图 2-13　2010—2021 年采矿业固定资产投资变化情况

2.2.3　河北省矿业发展概况

"十三五"期间，河北省采矿业固定资产投资呈现出震荡下滑的趋势，"十二五"末期的 2015 年河北省采矿业固定资产投资为 561.57 亿元，自 2016 年开始河北省采矿业固定资产投资下降到 500 亿元以下，其中"十三五"时期河北省固定资产投资最大的为 2016 年的 442.37 亿元，最小的为 2018 年的 381.08 亿元，2016—2020 年河北省采矿业固定资产投资数据如表 2-6 所示。

第 2 章　国内外社会经济环境及矿业形势分析

表 2-6　2016—2020 年河北省采矿业固定资产投资　　　　　　　　　　单位：万元

产业	2016 年	2017 年	2018 年	2019 年	2020 年
采矿业	4 423 669	3 810 823	3 704 120	4 000 450	3 560 400
煤炭开采和洗选业	513 142	449 801	473 190.7	303 315.2	191 998.5
石油和天然气开采业	307 078	190 108	153 607.3	232 715	151 497.5
黑色金属矿采选业	2 664 501	2 476 483	2 313 035	2 738 634	2 338 793
有色金属矿采选业	353 632	78 934	26 679.69	57 814.89	177 491.7
非金属矿采选业	537 427	571 363	686 778.3	513 710.2	788 031.4
开采辅助活动	28 629	44 134	12 136.85	5 279.53	8 547.56

数据来源：2017—2019 年《河北经济年鉴》、2020—2021《河北统计年鉴》。

将 2015—2020 年河北省采矿业固定资产投资数据制图，得到图 2-14。

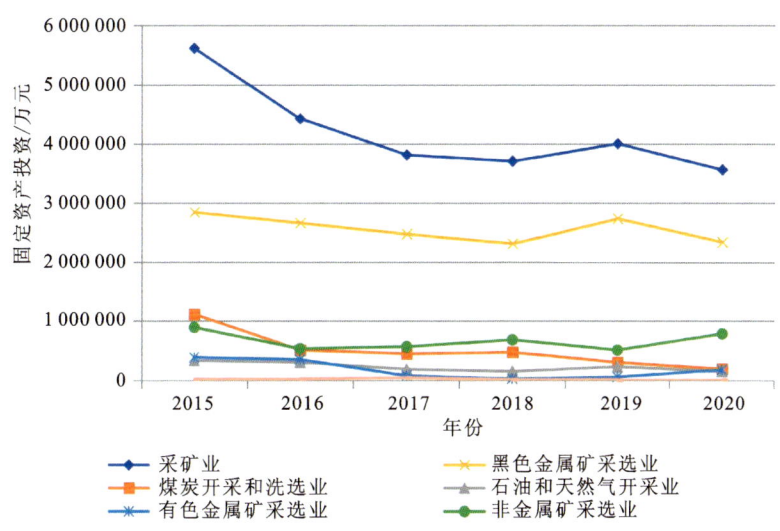

图 2-14　2015—2020 年河北省采矿业固定资产投资

从图 2-14 中可以清晰地看到，"十三五"时期河北省采矿业固定投资总额较 2015 年呈现出明显的下滑趋势，仅在 2019 年略有增长，2020 年采矿业固定资产投资比 2015 年下降 36.6%；煤炭开采和洗选业固定资产投资自 2016 年开始下滑明显，从 2015 年的 111.85 亿元到 2020 年的 19.20 亿元，下降 82.83%；石油和天然气开采业固定资产投资在"十三五"期间同样呈现震荡下降的趋势，2015 年石油和天然气开采业固定资产投资为 33.64 亿元，到 2020 年下降为 15.15 亿元，下降 54.97%；黑色金属矿采选业"十三五"期间同样呈现震荡下降的趋势。2015 年固定资产投资 284.63 亿元，到 2020 年下降为 233.88 亿元，下降 17.83%；有色金属矿采选业固定资产投资在"十三五"期间呈现出"U"形发展趋势，且较"十二五"有较大下滑，2015 年有色金属矿采选业固定资产投资 38.99 亿元，到 2020 年下降为 17.75 亿元，下降 54.48%；非金属采矿业固定资产投资在"十三五"期间呈现出震荡上扬的走势，但数值较 2015 年仍存在一定的差距，"十三五"期间非金属采矿业固定资产投资最大值为 2020 年的 78.80 亿元，较 2015 年下降 12.07%，最小值为 2019 年的 51.37 亿元，较 2015 年下降 42.68%；开采辅助活动固定资产投资在"十三五"期间呈现出波浪形震荡的走势，2016—2017 年是增长期，2018—2019 年之后呈现下降走势，2020 年则又略有增长。

第3章　煤炭供需形势及供应安全评价

3.1　煤炭供需态势

3.1.1　全球煤炭供需态势

1. 煤炭储量

根据英国石油公司世界能源统计年鉴2021的数据,截至2020年底,美国煤炭探明储量248 941百万t,占全球煤炭储量的23.2%,储产比为可开采484年,位列全球第一;俄罗斯煤炭探明储量162 166百万t,占全球煤炭储量的15.1%,储产比为可开采407年,位列全球第二;澳大利亚煤炭探明储量150 227百万t,占全球煤炭储量的14.0%,储产比为可开采315年,位列全球第三;中国煤炭探明储量143 197百万t,占全球煤炭储量的13.3%,储产比为可开采37年,位列全球第四;印度煤炭探明储量111 052百万t,占全球煤炭储量的10.3%,储产比为可开采147年,位列全球第五,以上5个国家储量之和占全球总储量的76%。

2. 煤炭生产与消费情况

2020年全球煤炭生产总量比2019年下降5.2%,其中亚太地区煤炭生产量为123.6艾焦(1艾焦=10万亿J),占全球生产总量的77.5%,北美洲煤炭生产量为11.76艾焦,占全球生产总量的7.4%,独联体国家煤炭生产量为1058艾焦,占全球生产总量的6.6%;2020年全球煤炭消费总量比2019年下降4.2%,其中亚太地区煤炭消费量为120.97艾焦,占全球消费总量的79.9%,其次为北美洲和欧洲,煤炭消费量分别为9.91艾焦和9.40艾焦,全球占比分别为6.5%和6.2%。

3. 全球煤炭供需形势

整体上来看,受新冠肺炎疫情全球大流行的影响,全球煤炭生产与消费均呈现出一定的下滑趋势,煤炭贸易也有较大比重的萎缩。随着各国对新冠肺炎采取的应对措施,煤炭的生产消费在2021年有不同程度的恢复,根据《bp世界能源统计年鉴(2022)》的数据,2021年全球煤炭消耗量增长超过6%,略高于2019年,是2014年以来的最高增幅。中国和印度占煤炭需求量增长的70%以上。未来煤炭生产、消费与交易有望继续向正常数值恢复。

3.1.2 中国煤炭供需态势

1. 煤炭储量

根据《中国矿产资源报告(2022)》公布的数据,2021年我国煤炭资源矿产储量为2 078.85亿t。煤炭资源分布在全国30个省(区、市),其中内蒙古、新疆、山西、陕西分列前四位,比重分别为29.0%、25.2%、15.2%和9.9%。

2. 煤炭生产与消费情况

自2014年起,受到宏观经济趋势、能源结构调整等因素的影响,我国煤炭需求大幅度下滑,煤炭供给过剩,进而导致煤炭产量有比较明显的下降。2016年国务院下发的《关于煤炭行业化解过剩产能实现脱困发展的意见》将解决煤炭产能过剩定为首要目标。2020年我国原煤产量39.00亿t,较上年增长了1.4%,增速回落了2.6%。

近几年来,我国煤炭消费量保持增长态势,但是在一次能源消费中的比重则呈现持续下降的走势,2020年我国煤炭消费28.3亿t标准煤,较2019年增加了0.3亿t标准煤,增长0.9%,煤炭在一次能源中的比重由2019年的57.7%下降为56.8%,自2012年以来连续9年持续回落。

3. 我国煤炭供需形势

我国提出力争在2030年前二氧化碳排放达到峰值,2060年前实现碳中和的环保目标,在此背景下,煤炭消费将在2025年前后达峰,意味着在"碳中和"目标推进过程中煤炭需求将大幅下滑。

此外,国内外经济形势同样对煤炭需求有一定影响,由于国际形势不稳定和疫情影响,国内宏观经济增速有所下滑,增速由2018年的10.5%降低至2020年的2.7%,在经济增长放缓的背景下,煤炭需求趋弱,煤炭消费量保持低速增长,尤其在疫情影响下,房地产投资受限、制造业停工导致煤炭下游需求下滑明显,煤炭消费量增速在这一时期内低于原煤产量增速。

综合"碳中和"目标的推进、宏观经济下滑及疫情影响等多重因素,煤炭市场整体呈现供过于求的发展态势,煤炭价格有短期下滑趋势,行业景气度下行。

随着国内疫情形势趋稳,对煤炭下游需求的冲击趋缓,宏观经济增速回升,制造业复工复产带来煤炭需求激增。同时2022年初俄乌战争开启后对俄能源制裁加剧了世界范围内的能源危机,石油价格高企下,作为石油替代能源的煤炭在国际范围内需求高涨,国际煤价居于高位,而国际煤价的增长带动了国内煤价的增长。

从供给端来看,由于我国前期持续煤炭供给侧结构性改革使得煤炭产能受限,叠加澳煤禁令和蒙古口岸疫情反复影响,煤炭供给端整体偏紧;从需求端来看,火电和煤化工需求预期较好,用煤需求增长稳定,国内外煤炭供给紧张格局下煤价上行空间仍存[①]。

从2000年以来我国原煤生产数据和煤炭消费数据可以看到,我国煤炭自给率保持了较高的水准,超过了90%,在新冠肺炎疫情和俄乌冲突的双重影响下,国际煤炭价格有大幅度的上涨,我国煤炭自给率仍保持在93%的高位。2000—2020年我国原煤生产、煤炭消费及煤炭自给率数据如表3-1所示。

---

① 远瞻行业研报. 煤炭行业:历经十年困境,供给偏紧格局不变,硬通货属性凸显[EB/OL]. https://baijiahao.baidu.com/s?id=1734756000227760291&wfr=spider&for=pc.

表 3-1　2000—2020 年我国煤炭生产量与消费量

年份	一次能源生产总量/万 t 标准煤	原煤比重/%	原煤生产总量/万 t 标准煤	能源消费总量/万 t 标准煤	煤炭比重/%	煤炭消费总量/万 t 标准煤	自给率
2000	138 570	72.9	101 017.5	146 964	68.5	100 670.3	1.003 4
2001	147 425	72.6	107 030.6	155 547	68.0	105 772	1.011 9
2002	156 277	73.1	114 238.5	169 577	68.5	116 160.2	0.983 5
2003	178 299	75.7	134 972.3	197 083	70.2	138 352.3	0.975 6
2004	206 108	76.7	158 084.8	230 281	70.2	161 657.3	0.977 9
2005	229 037	77.4	177 274.6	261 369	72.4	189 231.2	0.936 8
2006	244 763	77.5	189 691.3	286 467	72.4	207 402.1	0.914 6
2007	264 173	77.8	205 526.6	311 442	72.5	225 795.5	0.910 2
2008	277 419	76.8	213 057.8	320 611	71.5	229 236.9	0.929 4
2009	286 092	76.8	219 718.7	336 126	71.6	240 666.2	0.913 0
2010	312 125	76.2	237 839.3	360 648	69.2	249 568.4	0.953 0
2011	340 178	77.8	264 658.5	387 043	70.2	271 704.2	0.974 1
2012	351 041	76.2	267 493.2	402 138	68.5	275 464.5	0.971 1
2013	358 784	75.4	270 523.1	416 913	67.4	280 999.4	0.962 7
2014	362 212	73.5	266 225.8	428 334	65.8	281 843.8	0.944 6
2015	362 193	72.2	261 503.3	434 113	63.8	276 964.1	0.944 2
2016	345 954	69.8	241 475.9	441 492	62.2	274 608	0.879 3
2017	358 867	69.6	249 771.4	455 827	60.6	276 231.2	0.904 2
2018	378 859	69.2	262 170.4	471 925	59.0	278 435.8	0.941 6
2019	397 317	68.5	272 162.1	487 488	57.7	281 280.6	0.967 6
2020	408 000	67.6	275 808	498 000	56.8	282 864	0.975 1

数据来源:《中国统计年鉴 2021》。

2000—2020 年我国煤炭自给率情况如图 3-1 所示。

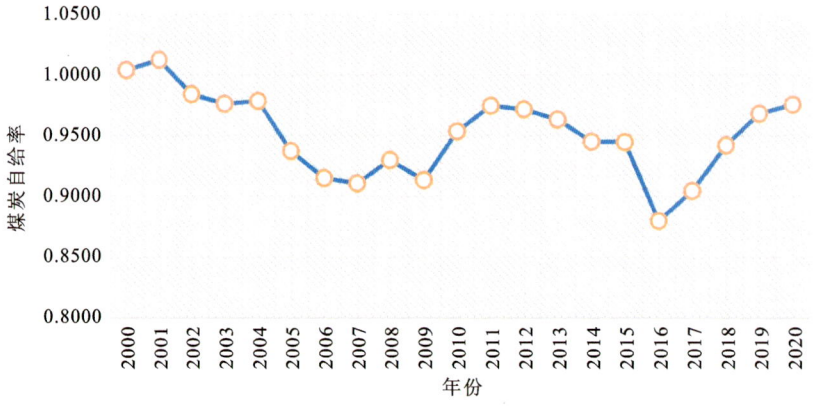

图 3-1　2000—2020 年我国煤炭自给率

3.1.3 河北省煤炭供需态势

"十三五"时期,河北省能源生产总量较"十二五"时期有较大程度的下滑,"十二五"期间累计生产一次能源 39 015.63 万 t 标准煤,"十三五"期间累计生产一次能源 33 106.20 万 t 标准煤,较"十二五"期间下降 17.85%;从能源构成来看,"十三五"期间煤炭生产比重延续了"十二五"时期不断下降的趋势,"十三五"时期石油生产比重呈现波浪式发展的趋势,2016—2017 年延续了 2014 年以来的下降趋势,2018—2019 年则呈现上升走势,2020 年再次下降;"十三五"时期天然气生产比重整体呈现先升后降的走势,2016 年延续了 2014 年以来的下降趋势,2017 年达到峰值点,2017 年之后稳定下降;"十三五"时期一次电力及其他能源生产延续了"十二五"以来不断增长的走势,其所占比重逐年增长。2010—2020 年河北省能源生产总量及构成如表 3-2 所示。

表 3-2 2010—2020 年河北省一次能源生产总量及构成

年份	能源生产总量/万 t 标准煤	煤炭比重/%	石油比重/%	天然气比重/%	一次电力及其他能源/%
2010	8 109.66	84.04	10.55	2.08	3.32
2011	8 601.60	84.69	9.73	1.89	3.69
2012	9 560.46	84.57	8.73	1.82	4.89
2013	6 956.42	76.95	12.14	2.98	7.93
2014	6 801.01	75.42	12.44	3.42	8.72
2015	7 096.14	77.39	11.68	1.95	8.97
2016	6 744.22	82.81	11.56	1.53	14.10
2017	6 776.50	67.33	11.37	2.98	18.32
2018	6 487.25	64.91	11.83	1.26	22.00
2019	6 334.39	57.28	12.40	1.23	29.09
2020	6 763.84	53.56	11.48	1.10	33.86

数据来源:《河北统计年鉴 2021》。

将 2010—2020 年河北省煤炭、石油、天然气、一次电力及其他能源生产比重数据制图,得到图 3-2。

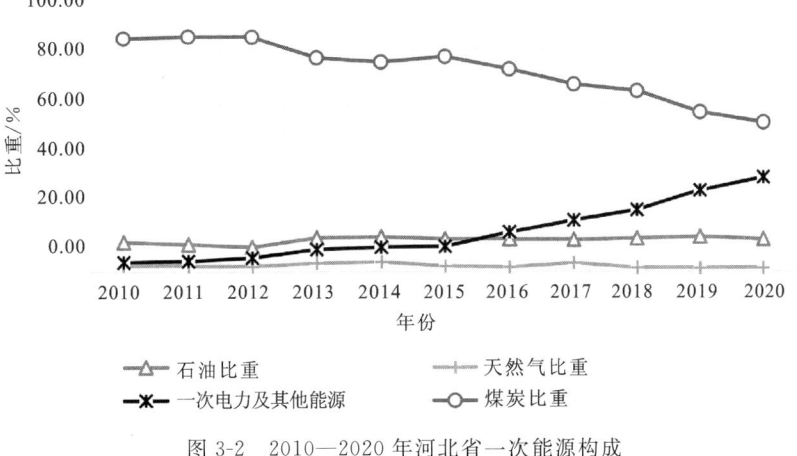

图 3-2 2010—2020 年河北省一次能源构成

从图 3-2 中可以清晰地看到"十二五""十三五"期间河北省生产能源比重的变化情况。从图 3-2 可以清晰地看到煤炭生产比重在"十三五"期间的下滑走势,相较于"十二五"期间煤炭生产比重震荡,"十三五"期间河北省煤炭生产比重保持了单一的下降走势;从图 3-2 中还能够比较明晰地看到一次电力及其他能源生产比重在"十三五"时期的快速增长趋势,相较于"十二五"期间相对较慢的增长,"十三五"时期河北省一次电力及其他能源生产比重增长的速率明显提升,"十二五"期间一次电力及其他能源生产比重增长了 5.28%,而在"十三五"期间一次电力及其他能源生产比重增长了 19.76%,一次电力及其他能源生产比重也达到了 33.86%。

"十三五"时期,河北省能源消费总量延续了"十二五"以来稳定增长的走势,2020 年能源消费总量为 32 782.76 万 t 标准煤,较 2016 年增长了 4.21%,小于"十二五"期间能源消费增长的 10.55%;"十三五"期间,河北省煤炭消费比重持续下降,2020 年河北省煤炭消费比重降至 80.51%,相较于 2009 年比重最大值 92.51% 下降明显,"十三五"期间河北省年均煤炭消费比重为 83.89%,小于"十二五"时期的 88.79%;"十三五"期间,河北省石油消费比重呈现先降后升再降的走势,2020 年达到最小值点 (5.67%),"十三五"期间河北省年均石油消费比重为 6.07%,略小于"十二五"时期的 7.16%;"十三五"期间,河北省天然气消费比重延续"十二五"以来的增长趋势,2020 年达到最大值点(7.00%),"十三五"期间河北省年均天然气消费比重为 5.29%,为"十二五"时期 2.32% 的 2.28 倍;"十三五"期间,河北省一次电力及其他能源消费比重延续"十二五"以来的增长趋势,2020 年达到最大值点(6.82%),"十三五"期间河北省年均天然气消费比重为 4.74%,为"十二五"时期 1.74% 的 2.73 倍。2010—2020 年河北省能源消费总量及构成数据如表 3-3 所示。

表 3-3 2010—2020 年河北省能源消费总量及构成

年份	能源消费总量/万 t 标准煤	煤炭比重/%	石油比重/%	天然气比重/%	一次电力及其他能源/%
2010	26 201.41	89.71	7.75	1.51	1.03
2011	28 075.03	89.09	8.12	1.66	1.13
2012	28 762.47	88.86	7.48	2.04	1.62
2013	29 664.38	88.69	7.22	2.23	1.86
2014	29 320.21	88.46	6.98	2.54	2.02
2015	31 036.73	88.83	5.99	3.13	2.05
2016	31 458.05	87.33	6.23	3.42	3.02
2017	32 082.56	86.05	6.14	3.94	3.87
2018	32 185.24	83.61	6.47	5.49	4.43
2019	32 545.43	81.96	5.86	6.61	5.57
2020	32 782.76	80.51	5.67	7.00	6.82

数据来源:《河北经济年鉴 2021》。

将 2010—2020 年河北省煤炭、石油、天然气、一次电力及其他能源消费数据制图,得到图 3-3。

从图 3-3 中可以清晰地看到:2015 年以后河北省煤炭消费占比下降趋势增大,2010—2015 年下降了 0.88%,2016—2020 年下降了 6.82%;"十三五"时期石油消费比重变化幅度小于"十二五"时期,"十三五"时期石油消费占比最大的为 2018 年的 6.47%,最小的为 2020 年的 5.67%,最大差值为 0.8%,而"十二五"时期的比重最大差值为 2.13%;"十三五"时期,天然气消费比重增长明显,尤其是 2018 年和 2019 年增长分别达到了 1.55% 和 1.12%,"十三五"时期天然气消费占比增长了 3.58%,大于"十二五"时期的 1.62%;"十三五"时期一次电力及其他能源消费占比增长明显,且"十三五"时期增长明显大于

第3章 煤炭供需形势及供应安全评价

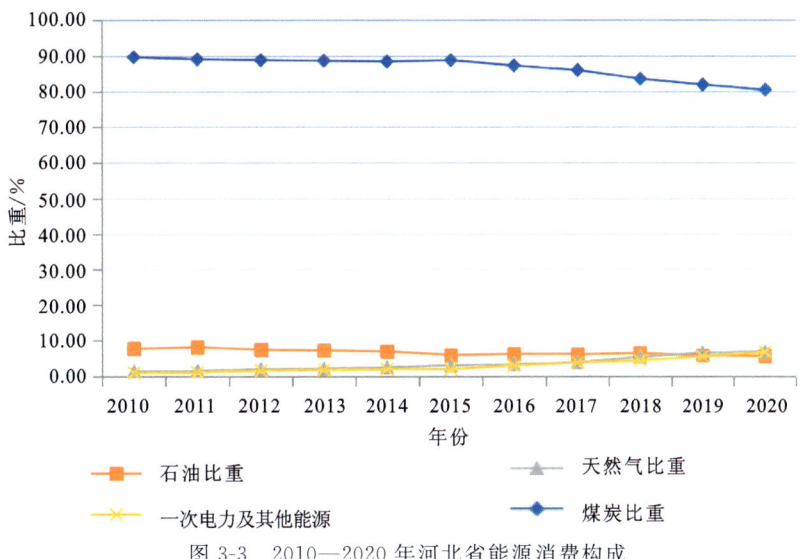

图3-3 2010—2020年河北省能源消费构成

"十二五"时期,"十三五"时期河北省一次电力及其他能源消费占比年均增长0.95%,大于"十二五"时期的0.20%。

根据河北省第四次全国经济普查公布的数据,2013年以来河北省煤炭行业化解过剩产能初见成效,新能源发电量迅猛增长。2018年第四次全国经济普查与2013年第三次全国经济普查相比,河北省原煤生产企业由20家减少到14家。原煤产量5 556.5万t,产量减少2 175.8万t,下降28.1%。2018年第四次全国经济普查与2013年第三次全国经济普查相比,河北省发电企业由246家增加到385家。发电量3 117.9亿kW·h,增加960.7亿kW·h,增长44.5%。从年度变动趋势看,2013—2015年发电量持续下降,2016年以来一直保持增长。2013—2018年河北省发电量情况如图3-4所示。

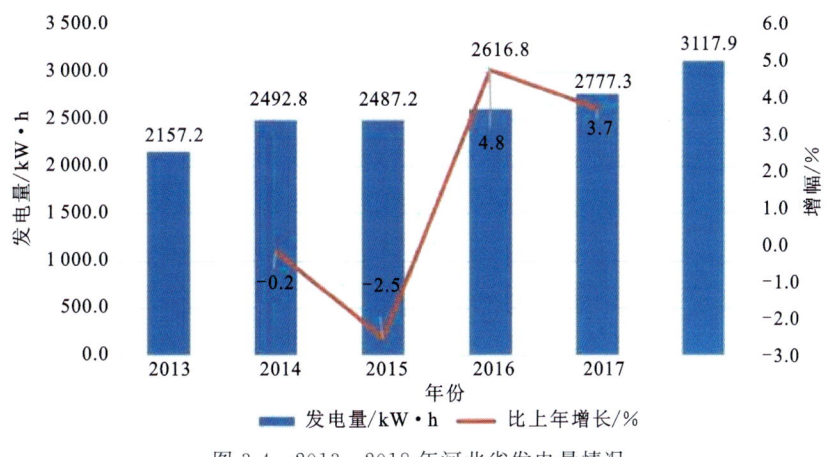

图3-4 2013—2018年河北省发电量情况

(资料来源:河北省统计局)

2018年第四次全国经济普查与2013年第三次全国经济普查相比,河北省新能源发电企业由70家增加到175家。新能源发电量355.3亿kW·h,增加175.0亿kW·h,增长97.0%。其中风力发电量增长100.7亿kW·h,太阳能发电量增长58.0亿kW·h,生物质发电量增长8.8亿kW·h,垃圾焚烧发电量增长7.4亿kW·h。2013—2018年全省规模以上工业新能源发电量情况如图3-5所示。

2022年4月,河北省发展和改革委员会印发的《河北省"十四五"新型储能发展规划》中提到:截至2020年底,河北省电力装机突破1亿kW大关,其中可再生能源发电装机规模已达到4761万kW,占比达到48%;"十四五"期间,河北省将大力实施可再生能源"倍增计划",到2025年河北省可再生能源发电装机规模将突破1亿kW,占比达到60%左右,非化石能源占能源消费总量比重提高到13%。

图 3-5 2013—2018 年河北省规模以上工业新能源发电量情况
（资料来源：河北省统计局）

3.2 煤炭需求预测

3.2.1 回归模型预测

1. 需求预测基本思路

一个区域煤炭资源需求量的预测可按如下思路进行：首先根据相关指标，预测地区一次能源需求总量（标准煤）；然后根据能源结构及变动趋势，劈分出其中煤炭资源的需求总量（标准煤）；最后转换成原煤需求量。

2. 预测模型与基础数据

对煤炭需求预测的方法有许多，但对单一种类的能源需求预测存在较多不确定因素，它会受到其他诸多能源的替代效应的影响。在此，引入 Ehrlich 和 Holdren（1971）建立的 $I=PAT$ 模型来决定关键变量，以提供一个旨在全面理解能源消耗和能源效率关系的宏观层面分析（周吉光等，2020），其所涉及的主要变量基本与林伯强（2001，2003）的研究相似。通过 $I=PAT$ 理论可以将资源消费作为对环境的影响（I），将它作为人口（P）、富裕程度（A）和技术（T）3 个影响能源消耗的宏观因素的函数。这个等式最先被 Jevons（1865）进行了验证，意味着环境的影响将随着人口、富裕（消费）和（或）技术的增加而增加，而 Jevons 发现经济增长将导致人口增加，从而增加对煤炭的需求（周吉光等，2018）。参考已有成果，设定变量如下：

（1）环境影响（I）用地区一次能源消费量（TFC）数据表示。
（2）人口（P）用总人口（PT）数据表示。
（3）富裕程度（A）用地区生产总值数据（GDP，按 2000 年不变价格计算）表示。
（4）技术（T）用能源效率数据（τ_F）表示，用单位能源消费量的万元国内生产总值（即万元国内生产总值能源消费量的倒数）表示。

采用 Dietz 和 Rosa(1994)改进的随机影响回归模型(STIRPAT)[①]：

$$I = a \cdot P^b \cdot A^c \cdot T^d \cdot e$$

构建如下方程：

$$\ln\text{TFC} = a + b \cdot \ln\text{PT} + c \cdot \ln\text{GDP} + d \cdot \ln\tau_F + e$$

模型的基础数据如表 3-4 所示。

表 3-4 煤炭资源预测基础数据

年份	I—TFC/万 t 标准煤	P—PT/万人	A—GDP/亿元	T—τ_F/(万元/t 标准煤)
2000	11 195.71	6674	4 628.2	1.017
2001	12 114.29	6699	5 062.9	1.045
2002	13 404.53	6735	5 518.9	1.045
2003	15 297.89	6769	6 333.6	0.990
2004	17 347.79	6809	7 588.6	0.934
2005	19 835.99	6851	8 773.4	0.917
2006	21 794.09	6898	10 043	0.944
2007	23 585.13	6943	12 152.9	0.995
2008	24 321.87	6989	14 200.1	1.061
2009	25 418.79	7034	15 306.9	1.107
2010	26 201.41	7194	18 003.6	1.136
2011	28 075.03	7232	21 384.7	1.163
2012	28 762.47	7262	23 077.5	1.205
2013	29 664.38	7288	24 259.6	1.266
2014	29 320.21	7323	25 208.9	1.316
2015	29 395.36	7345	26 398.4	1.408
2016	29 794.40	7375	28 474.1	1.479
2017	30 385.88	7409	30 640.8	1.530
2018	32 185.24	7426	32 494.6	1.585
2019	32 545.43	7447	34 978.6	1.613
2020	32 782.76	7464	36 013.8	1.665
2021		7448	40 391.3	

数据来源：①能源消费总量来源于 2001—2019 年《河北经济年鉴》，2020—2021 年《河北统计年鉴》；②人口数据来源于国家统计局网站；③GDP 数据来源于国家统计局网站；④能源效率数据通过《中国能源统计年鉴(2020)》万元国内生产总值能源消费量进行换算，其中 2020 年值按增幅从上年推算；⑤T—τ_F 为 2010 年可比价。

3. 模型回归过程

在比较样本回归结果的基础上，将样本区间缩小到 2005—2020 年，能源效率使用滞后 2 期的变量，回归结果列示如下(括号内为 t 检验统计量)：

[①] DIETZ T, ROSA E A. Rethinking the Environmental Impacts of Population, Affluence and Technology[J]. Human Ecology Review, 1994, 1(2): 277-300.

$$\ln\text{TFC} = 13.020 - 0.958\ln\text{PT} + 0.594\ln\text{GDP} - 0.061\ln\tau_F(-2)$$
$$(1.149) \quad (-0.688) \quad (5.278) \quad (-0.947)$$
$$A\text{-}R^2 = 0.991$$
$$F\text{-statistic} = 450.909$$
$$\text{Durbin—Watson stat} = 1.500$$

异方差：Prob. $F(3,12) = 0.2447 > 0.05$；序列相关：Prob. $F(2,10) = 0.674 > 0.05$

模型整体拟合效果通过检验，解释变量也具有明显的显著性。故将使用此方程来进行预测。

4. 参数预测

模型涉及3个变量的参数，即总人口（PT）、地区生产总值数据（GDP）、能源效率数据（τ_F）。2025年、2030年总人口数据，根据联合国人口署对中国人口增长率的展望，在2020年度河北省总人口数据的基础上推算。2025年地区生产总值数据，根据河北省"十四五"规划纲要中的预期目标（年均6%）进行推算；2030年数据则根据国际货币基金组织预估的中国经济增长率（4.6%），在2021年度河北省数据的基础上推算。2025年、2030年能源效率数据则依据全国的万元GDP能源消费量的预期降幅按年均3%进行了推算（表3-5）。

5. 能源消费总量预测

结合回归模型和参数预测值，得到2025年、2030年河北省能源消费总量分别为38 566万t、43 126万t标准煤（表3-5）。

表3-5 煤炭资源预测参数及预测结果

年份	一次能源消费量 I—TFC/万t标准煤	常住人口 P—PT/万人	地区生产总值 A—GDP/亿元	能源效率 T—τ_F/万元/t标准煤
2025	38 566	7526	50 993.1	1.939
2030	43 126	7624	63 851.3	2.258

注：能源效率按2010年可比价推算。2025年预测值与中华人民共和国国家发展和改革委员会、中华人民共和国国家能源局发布《"十四五"现代能源体系规划》中至2025年单位GDP能耗累计下降13.5%的值（1.928）十分接近。

6. 煤炭消费总量预测

根据历年河北省煤炭占能源消费总量的比重，以及未来全国能源消费结构的政策要求和发展趋势，先预测出2025年、2030年河北省煤炭占能源消费总量的比重，然后劈分出2025年、2030年河北省煤炭消费总量。

表3-6中，2025年、2030年煤炭占能源消费总量的比重，根据指数平滑法推算，在正常情形下，2025年、2030年分别达到71.63%、63.62%；而考虑双碳约束，取指数平滑法预测的置信下限，2025年、2030年分别达到65.78%、50.65%（这个比重的未来走向，可对比在国家相关规划中对全国煤炭在一次能源需求中的预期比重，即在2025年、2030年分别为54%、49%）。

计算得出2025年、2030年河北省煤炭消费总量在正常情形下分别为27 625万t、27 437万t标准煤（换算成原煤分别为3.87亿t、3.84亿t[①]），在双碳约束下，最低消费量预计分别为2.54亿t、2.18亿t标准煤（换算成原煤分别为3.55亿t、3.06亿t）。

---

① 使用我国常用的能源与标准煤的单位重量折算比率：原煤为0.714（原油为1.429）。

第3章 煤炭供需形势及供应安全评价

表3-6 煤炭消费占比及预测

年份	煤炭占能源消费总量的比重/%[a]	煤炭消费总量/万t标准煤[c]
2000	90.94	12 115
2001	91.84	12 641
2002	91.12	13 739
2003	92.78	14 851
2004	91.14	17 074
2005	91.82	20 542
2006	91.59	21 345
2007	92.36	24 549
2008	92.31	24 419
2009	92.51	26 516
2010	89.71	27 465
2011	89.09	30 792
2012	88.86	31 359
2013	88.69	31 663
2014	88.46	29 636
2015	88.83	28 943
2016	87.33	28 106
2017	86.05	27 417
2018	83.61	29 594
2019	81.96	28 738
2020	80.51	—
2025[b]	**71.63(65.78**[d]**)**	**27 625(25 369**[d]**)**
2030[b]	**63.62(50.65**[d]**)**	**27 437(21 843**[d]**)**

数据来源：a.煤炭占能源消费总量的比重来源于2001—2019年《河北经济年鉴》、2020—2021年《河北统计年鉴》和《中国能源统计年鉴2020》。b.2025年、2030年为预测值。c.2000—2019年煤炭消费总量来源于国家统计局网站数据库，在此仅用于观察趋势走向，对比预测值；且历年《中国能源统计年鉴》中呈现出了不同的降幅和时间节点。d.考虑双碳约束，取预测的置性下限所得的值。

7. 结果评价

根据原煤生产量的统计数据和预测数据（取省发改委矿山办数据，预计2025年、2030年均为5000万t；此处使用《河北省矿产资源总体规划（2021—2025年）》指标值4500万t，测算了省内煤炭资源的供给度，如表3-7所示。在正常情形下，省内供给度持续下降到12%左右的水平；在低碳情形下，会先下降到2025年约12.7%的水平，之后至2030年回升到15%左右的水平。

表 3-7 煤炭资源供需平衡分析

年份	煤炭消费总量/万 t 标准煤[a]	原煤生产量/万 t[b]	原煤生产量/万 t 标准煤	省内供给度[c]
2000	12 115	6747	4817	0.398
2001	12 641	6786	4845	0.383
2002	13 739	7070	5048	0.367
2003	14 851	7254	5179	0.349
2004	17 074	8653	6178	0.362
2005	20 542	7956	5681	0.277
2006	21 345	7928	5661	0.265
2007	24 549	8390	5990	0.244
2008	24 419	7915	5651	0.231
2009	26 516	8389	5990	0.226
2010	27 465	10 199	7282	0.265
2011	30 792	10 585	7558	0.245
2012	31 359	11 772	8405	0.268
2013	31 663	9300	6640	0.210
2014	29 636	8688	6203	0.209
2015	28 943	7437	5310	0.183
2016	28 106	6484	4630	0.165
2017	27 417	6011	4292	0.157
2018	29 594	5505	3931	0.133
2019	28 738	5075	3624	0.126
2020	26 393	4975	3552	0.135
2025	**27 625(25 369[d])**	**4500**	**3213**	**0.116(0.127[e])**
2030	**27 437(21 843[d])**	**4500**	**3213**	**0.117(0.147[e])**

数据来源：a. 2000—2020 年煤炭消费总量来源于国家统计局网站，其中，2025 年、2030 年为预测值。b. 原煤生产量来源于省统计局统计年鉴，其中 2025 年、2030 年为河北省矿产资源总体规划的预期性指标值。c. 省内供给度是首先将原煤计量单位转换成标准煤计量单位（原煤与标准煤折算比率为 0.714），再进行计算。d. 考虑双碳约束，取预测的置性下限所得的值。

3.2.2 BP 神经网络分析预测

上述回归模型预测是从宏观经济发展的趋势进行预测的，为进一步验证预测的可靠性，此部分使用 BP 神经网络分析预测，观察结果的一致性。

1. 基本思路

1）确定输入层和输出层

采用样本拓展法对输入层数据进行拓展,具体的数据拓展方法为:以河北省经济年鉴所提供的 2000—2020 年能源消费总量、煤炭比重数据为基础,测算得到 2000—2020 年河北省煤炭消费总量,然后以 14 年的煤炭消费数据为一个组作为输入神经元,以下一年的煤炭消费数据作为输出神经元,以此类推,共形成 7 组输入输出数据。

第一组:2000—2013 年为输入神经元,对应的输出神经元为 2014 年数据。
第二组:2001—2014 年为输入神经元,对应的输出神经元为 2015 年数据。
第三组:2002—2015 年为输入神经元,对应的输出神经元为 2016 年数据。
第四组:2003—2016 年为输入神经元,对应的输出神经元为 2017 年数据。
第五组:2004—2017 年为输入神经元,对应的输出神经元为 2018 年数据。
第六组:2005—2018 年为输入神经元,对应的输出神经元为 2019 年数据。
第七组:2006—2019 年为输入神经元,对应的输出神经元为 2020 年数据。

样本数据即为分组数,输入网络为 14 个输入神经元,输出神经元为 1 个。

以 2003—2016 年数据为预测输入神经元,进而预测 2017 年数据;以 2004—2017 年数据为预测输入神经元,进而预测 2018 年数据;以此类推,预测以后各年的相关数据。

2）确认隐含层单元数

隐含层神经元数目由以下公式计算得到:

$$nl = \sqrt{m+n} + a \tag{3-1}$$

式中:m 为输入神经元数;n 为输出神经元数;a 为 1~10 之间的常数,此处 a 值取 5;nl 初值取 8。

2. 预测所需基础数据

河北省煤炭消费 BP 神经网络分析的原始数据来源于《河北统计年鉴(2021)》,具体数据如表 3-8 所示。

表 3-8 2000—2020 年河北省煤炭消费量

年份	能源消费总量/万 t 标准煤	煤炭比重/%	煤炭消费量/万 t 标准煤	年份	能源消费总量/万 t 标准煤	煤炭比重/%	煤炭消费量/万 t 标准煤
2000	11 195.71	90.94	10 181.38	2011	28 075.03	89.09	25 012.04
2001	12 114.29	91.84	11 125.76	2012	28 762.47	88.86	25 558.33
2002	13 404.53	91.12	12 214.21	2013	29 664.38	88.69	26 309.34
2003	15 297.89	92.78	14 193.38	2014	29 320.21	88.46	25 936.66
2004	17 347.79	91.14	15 810.78	2015	31 036.73	88.83	27 569.93
2005	19 835.99	91.82	18 213.41	2016	31 458.05	87.33	27 472.32
2006	21 794.09	91.59	19 961.21	2017	32 082.56	86.05	27 607.04
2007	23 585.13	92.36	21 783.23	2018	32 185.24	83.61	26 910.08
2008	24 321.87	92.31	22 451.52	2019	32 545.43	81.96	26 674.23
2009	25 418.79	92.51	23 514.92	2020	32 782.76	80.51	26 393.40
2010	26 201.41	89.71	23 505.28				

数据来源:《河北统计年鉴(2021)》。

3. 预测过程与结果

根据之前拟定的方法,以 2010—2019 年的数据作为训练样本,2014—2020 年的数据作为检验样本,确定输入层为 14 层,最多训练次数 $N=5000$,学习速率 $lr=0.035$,目标误差 $E0=0.65*10^{\wedge}(-9)$,然后得到 2014—2020 年预测煤炭生产总量与实际生产总量的比较图,如图 3-6 所示,从图 3-6 可以看到,预测数据与实际数据具有非常好的拟合性。

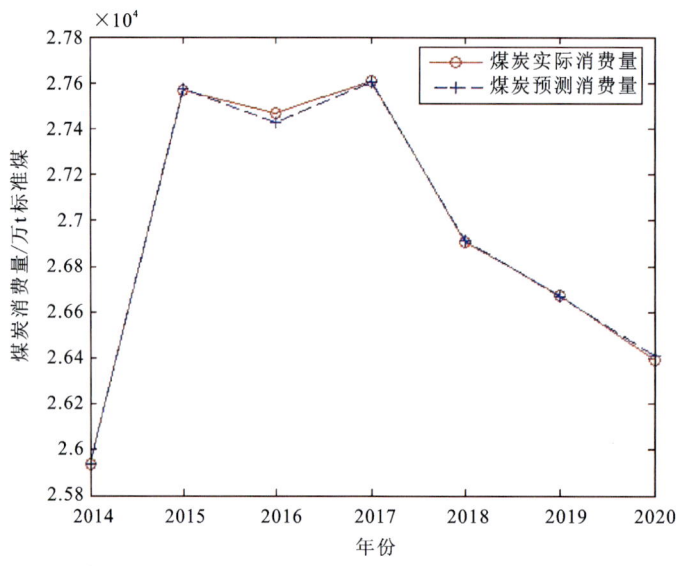

图 3-6 2014—2020 年煤炭预测消费量与实际消费量拟合图

将通过 BP 神经网络模型预测得到的数据与实际数据及预测相对误差汇总于表 3-9,从表 3-9 可以看到,预测数据与实际数据的相对误差均在 5% 以下,且指标的相对误差均低于 1%,最大的相对误差为 0.17%,累计误差和为 0.002 949,因此,我们可以认为该模型是可行和有效的。

表 3-9 煤炭生产实际数据与预测数据

年份	实际值	测算值	误差
2014	25 936.66	25 936.34	0.00%
2015	27 569.93	27 572.65	0.01%
2016	27 472.32	27 425.8	0.17%
2017	27 607.04	27 605.47	0.01%
2018	26 910.08	26 916.09	0.02%
2019	26 674.23	26 669.48	0.02%
2020	26 393.40	26 411.52	0.07%
累计误差			0.29%

应用 BP 神经网络模型预测 2021—2025 年河北省煤炭消费量,得到如表 3-10 所示的数据。

表 3-10 2021—2025 年河北省煤炭消费量预测　　　　　　　　单位:万 t 标准煤

年份	2021	2022	2023	2024	2025
煤炭消费量	26 317.3	26 224.96	26 185.54	26 161.7	26 152.72

第 3 章 煤炭供需形势及供应安全评价

根据 BP 神经网络分析的结果,"十四五"时期河北省煤炭消费量保持着持续下降的趋势,预计到 2025 年河北省煤炭消费量将下降为 26 152.72 万 t 标准煤。"十四五"时期河北省煤炭生产总量预测结果如图 3-7 所示。

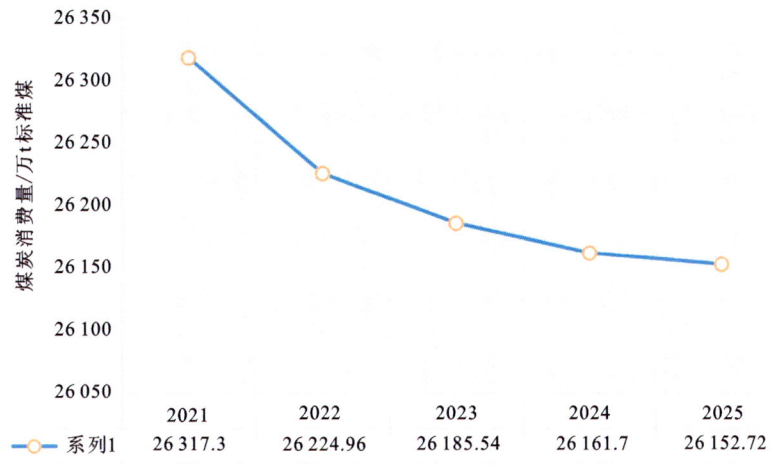

图 3-7 "十四五"时期河北省煤炭消费量预测

结合"十三五"时期河北省煤炭消费量数据和"十四五"时期河北省煤炭消费量的预测数据,可以看到 2016—2025 年河北省煤炭消费量以平均每年 0.90% 的速度下降,因此,我们可以预测在"十五五"时期,河北省煤炭消费量依然呈现持续下降的趋势,以"十四五"时期河北省煤炭消费量降速为基准测算 2030 年煤炭消费量为 26 097.43 万 t 标准煤。

而应用 BP 神经网络模型对河北省 2026—2030 年煤炭消费量进行预测,则得到 2026—2030 年河北省煤炭消费量数据如表 3-11 所示。

表 3-11 2026—2030 年河北省煤炭消费量预测　　　　　　　　　单位:万 t 标准煤

年份	2026	2027	2028	2029	2030
煤炭消费量	26 132.15	26 114.58	26 105.51	26 100.41	26 097.43

根据 BP 神经网络分析的结果,"十五五"时期河北省煤炭生产总量保持着持续下降的趋势,预计到 2030 年河北省煤炭消费量将下降为 26 097.43 万 t 标准煤。"十五五"时期河北省煤炭消费量预测结果如图 3-8 所示。

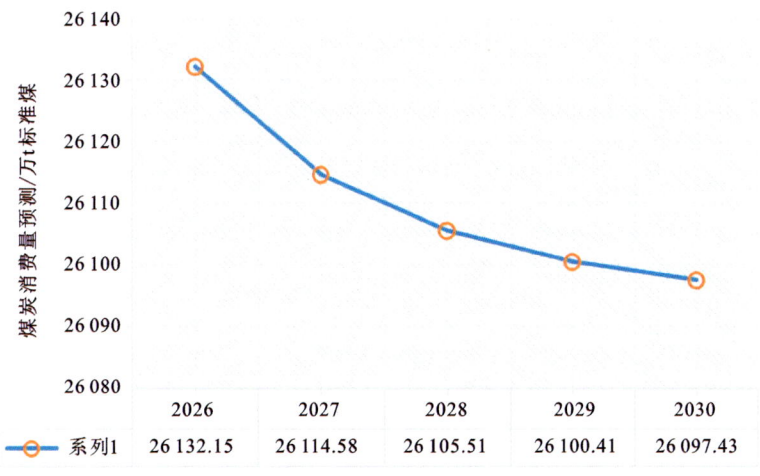

图 3-8 "十五五"时期河北省煤炭消费量预测

相较于以"十四五"时期河北省煤炭消费量降速为基准测算得到的 2026—2030 年河北省煤炭消费量的预测数据,应用 BP 神经网络方法得到的数值要大一些,即河北省煤炭消费量下降的趋势相对更加平缓。应用 BP 神经网络方法得到的 2026—2030 年河北省煤炭消费量年均降速为 0.04%。

3.2.3 煤炭需求预测结果评价

观察回归模型预测和 BP 神经网络分析预测的结果,可知二者的预测结果趋势基本相同。BP 神经网络分析预测的结果在 2025 年为 2.6 亿 t 标准煤,基本处于回归模型的最低限值(2.5 亿 t)与中值(2.76 亿 t)之间。囿于数据时间长度的问题,BP 神经网络分析预测 2030 年的可靠性稍低,故总体上关于煤炭需求预测,可以根据 BP 神经网络预测的结果观察其趋势走向,而如果需测算具体的需求情况,则可以取回归模型的预测值。即在正常情形下,2025 年、2030 年河北省煤炭消费总量分别为 2.76 亿 t、2.74 亿 t 标准煤(换算成原煤分别为 3.87 亿 t、3.84 亿 t);在双碳约束下,2025 年、2030 年最低消费量预计分别为 2.54 亿 t、2.18 亿 t 标准煤(换算成原煤分别为 3.55 亿 t、3.06 亿 t)。

3.3 煤炭供给预测

观察河北省煤炭年产矿石量数值,因受政策性因素影响比较大,使用回归模型预测效果不太好,故运用 BP 神经网络对河北省煤炭未来年产矿石量数据做简单的预测,并对预测结果进行评价。

3.3.1 基于 BP 神经网络的煤炭供给预测

以 2012—2020 年河北省煤炭年产矿石量数值为基础数据,使用 MATLAB 软件运用 BP 神经网络对河北省煤炭未来年产矿石量数据做简单的预测,预测结果如表 3-12 所示。

表 3-12 2021—2025 年河北省煤炭年产矿石量预测 单位:万 t

年份	2021	2022	2023	2024	2025
年产矿石量	4 683.86	4 478.04	4 541.20	4 431.54	4 499.80

从表 3-12 可以看到,使用 BP 神经网络预测得到的 2021—2025 年河北省煤炭年产矿石量整体上相对稳定,其数值大致维持在 4500 万 t 上下,与矿产资源规划的目标值基本一致。

3.3.2 供应预测结果评价

以《河北经济年鉴》(2020 年起更名为《河北统计年鉴》)公布的 2000—2020 年河北省煤炭生产总量和煤炭消费总量(万 t 标准煤)数据为基础,应用 BP 神经网络方法预测得到 2021—2030 年河北省煤炭生产总量数据和煤炭消费总量数据(万 t 标准煤),进而计算得到河北省煤炭自给率,结果如表 3-13 所示。

将 2000—2020 年及预测得到的 2021—2030 年河北省煤炭自给率数据制图,得到图 3-9。

第3章 煤炭供需形势及供应安全评价

表3-13 河北省煤炭自给率

年份	煤炭生产总量/万t标准煤	煤炭消费量/万t标准煤	自给率	年份	煤炭生产总量/万t标准煤	煤炭消费量/万t标准煤	自给率
2000	4 819.31	10 181.38	0.47	2017	4 562.62	27 607.04	0.17
2001	4 847.29	11 125.76	0.44	2018	4 210.87	26 910.08	0.16
2002	5 050.27	12 214.21	0.41	2019	3 628.34	26 674.23	0.14
2003	5 181.07	14 193.38	0.37	2020	3 622.71	26 393.40	0.14
2004	6509.44	15 810.78	0.41	2021	3 427.45	26 317.3	0.13
2005	6 171.76	18 213.41	0.34	2022	3 176.97	26 224.96	0.12
2006	5 975.82	19 961.21	0.30	2023	2 988.98	26 185.54	0.11
2007	6 187.76	21 783.23	0.28	2024	2 905.11	26 161.7	0.11
2008	5 701.78	22 451.52	0.25	2025	2 764.04	26 152.72	0.11
2009	5 860.94	23 514.92	0.25	2024	2 905.11	26 161.7	0.11
2010	6 815.36	23 505.28	0.29	2025	2 764.04	26 152.72	0.11
2011	7 284.70	25 012.04	0.29	2026	2 748.72	26 132.15	0.11
2012	8 085.28	25 558.33	0.32	2027	2 715.33	26 114.58	0.10
2013	5 352.97	26 309.34	0.20	2028	2 661.22	26 105.51	0.10
2014	5 129.32	25 936.66	0.20	2029	2 623.21	26 100.41	0.10
2015	5 491.70	27 569.93	0.20	2030	2 607.5	26 097.43	0.10
2016	4 910.47	27 472.32	0.18				

数据来源:2020年前数据来源于《河北经济年鉴2021》;2020年后数据为测算数据。

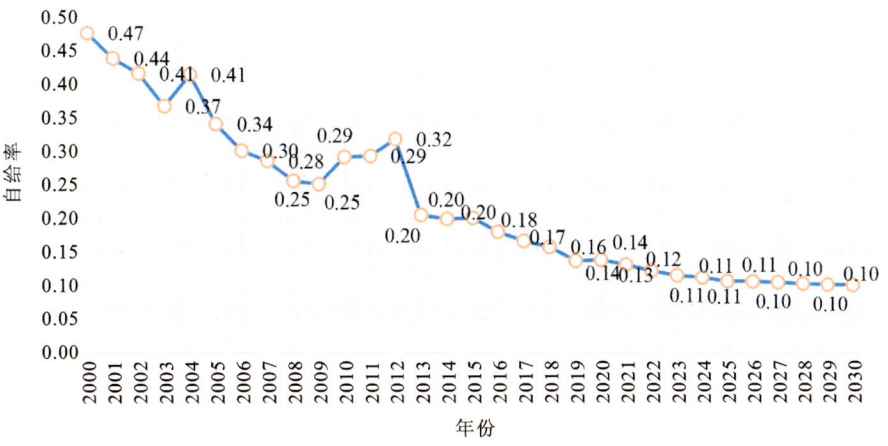

图3-9 2000年以来河北省煤炭自给率

从图3-9可以看出河北省煤炭自给率呈现出整体下降的趋势,尤其是2013年以来持续下滑的趋势非常明显,而2021年之后河北省煤炭自给率的数据曲线与前期衔接比较顺畅,因此,我们认为使用BP神经网络预测得到的河北省煤炭生产总量与消费量数据具有较高的可信度。此外,根据预测得到的结果可以看出,到"十五五"时期,河北省煤炭自给率收敛于极值点,说明河北省煤炭生产和消费在此期间将会达到一种相对的平衡状态。

根据BP神经网络方法对河北省煤炭供需的预测,未来河北省原煤生产量和煤炭消费量均呈现下降的走势,且河北省未来5~10年间煤炭供给率有望达到一个相对平衡的位置,因此,未来河北省煤炭资源的供需形势相对稳定,虽然自给率略有下降,但是不会影响河北省正常的经济、社会活动。

3.4 煤炭可供性分析

3.4.1 煤炭资源赋存情况

河北省煤炭资源比较丰富,是我国炼焦煤主要产地之一,是国家14个大型煤炭基地之一。河北省煤炭资源分布平面上呈带状,以平泉—涞源一线呈北东、南西向分界,以北的张家口、承德地区煤气变质程度一般较低,煤种多为褐煤、长焰煤、不黏煤;以南的燕山南麓、太行山东麓及平原区,煤变质程度一般较高,煤种从气煤到无烟煤均有。

根据《河北省矿产资源年报2021》,河北省煤炭主要分布于邯郸、张家口、邢台、承德、唐山、石家庄6市,占煤炭矿产地总数的94.41%。煤炭大型矿产地64处,资源量206.11亿t,占煤炭资源量的90.70%;中型矿产地16处,资源量10.02亿t,占煤炭资源量的4.41%;小型矿产地81处,资源量11.11亿t,占煤炭资源量的4.89%。煤炭达到勘探矿产地75处,资源量107.17亿t,占煤炭资源量的47.16%;达到详查矿产地45处,资源量91.29亿t,占煤炭资源量的40.17%;达到普查矿产地41处,资源量28.78亿t,占煤炭资源量的12.67%。2021年,河北省煤炭利用矿产地131处,占煤炭矿产地的81.37%;资源量145.88亿t,占煤炭资源量的64.20%[1]。

根据《2021年矿产资源年报》公布的数据,2021年河北省煤炭资源量2 272 429.227万t(227.24亿t),比上年净减少12 938.338万t(1.29亿t),同比减少0.57%。2010—2021年间,河北省煤炭资源保有量呈现出先增长后趋于平缓的阶段性特征(表3-14):2010—2015年间,河北省煤炭资源保有量呈现出明显的上升走势,从2010年的1 668 301万t上升到2015年的2 254 170万t,增长了35.12%,尤其是2010—2014年间河北省煤炭资源保有量上升态势非常明显(图3-10),2010—2014年间河北省煤炭资源保有量的增长率为33.05%;2015年之后,河北省煤炭资源保有量数据整体上趋于平缓(图3-11)。整体上来看,河北省煤炭资源保有量在"十二五"时期处于增长态势,在"十三五"时期处于相对稳定态势。

表3-14 2010—2021年河北省煤炭保有资源储量　　　　　　　　　　　　　单位:万t

年份	2010	2011	2012	2013	2014	2015
保有资源储量	1 668 301	1 746 141	1 991 209	2 021 859	2 219 752	2 254 170
年份	2016	2017	2018	2019	2020	2021
保有资源储量	2 246 664	2 270 216	2 261 180	2 260 263	2 285 368	2 267 009

---

[1] 河北省自然资源厅.《河北省矿产资源年报2021》.石家庄:河北省自然资源厅,2022.

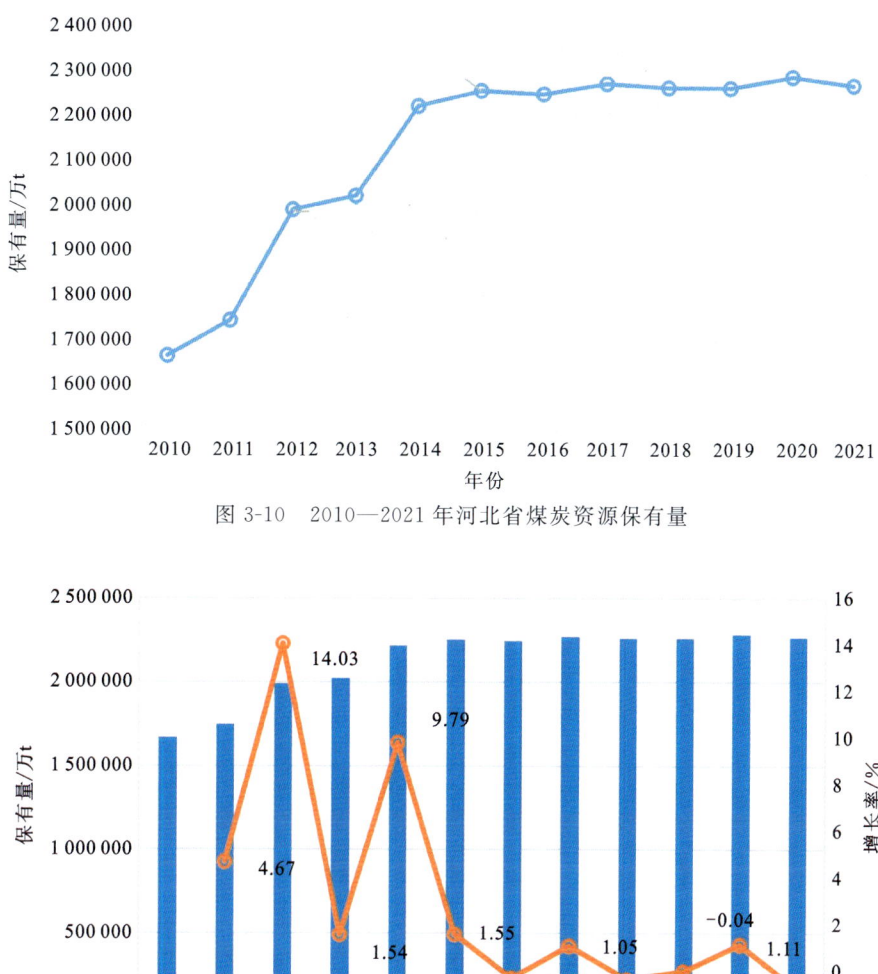

图 3-10　2010—2021 年河北省煤炭资源保有量

图 3-11　2010—2021 年河北省煤炭资源保有量及增长率

3.4.2　煤炭开发利用情况

根据河北省自然资源厅公布的《2021 年度河北省矿产资源开发利用形势分析报告》[①]中的数据，2021 年河北省煤炭资源开发企业有 47 家，占全省矿山企业总数的 3.06%。较 2020 年的 55 个减少了 8 个。其中，大型企业 20 个、中型 9 个、小型 18 个。2021 年河北省煤炭企业年产矿石量 4 496.64 万 t，其中大型企业年产矿石量 4 138.81 万 t，占总数的 92.04%；工业总产值 3 226 851.94 万 t，其中大型企业工业总产值 2 897 454.57 万元，占 89.79%；矿产品销售收入 3 192 016.54 万 t，其中大型企业矿产品销售收入 2 859 520.31 万元，占 89.58%；利润总额 799 751.02 万元，其中大型企业利润总额 780 878.24 万元，占 97.64%。2021 年河北省煤炭企业主要分布于邯郸和邢台两市。两市煤炭企业数量分别为 20 个和 13 个，合计占全省煤炭企业总数的 70.21%，此外，唐山煤炭企业有 6 个、张家口有 5 个、承德有 3 个。

---

① 河北省自然资源厅.2021 年度河北省矿产资源开发利用形势分析报告[R].石家庄:河北省自然资源厅,2022.

2012—2021年间河北省煤炭年产矿石量除去2013年和2015年略有增长之外,整体上呈现出比较明显的下降走势,从2012年的6 591.25万t下降至2021的4 496.64万t,下降了35.31%,年均下降4.73个百分点。2012—2021年河北省煤炭年产矿石量及变化数据如图3-12所示。

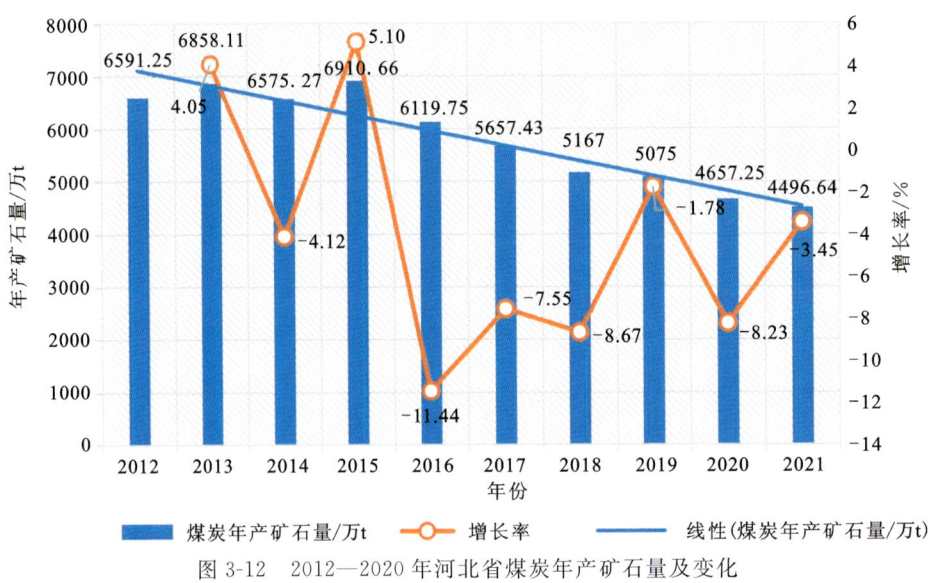

图3-12　2012—2020年河北省煤炭年产矿石量及变化

3.4.3　煤炭贸易情况

1. 全球煤炭贸易情况

2020年全球煤炭交易总量为31.78艾焦,比2019年下降了6.2%,从进口维度来看,亚太地区煤炭进口25.11艾焦,占全球总量的79%,其中中国、日本、印度、韩国煤炭进口量居世界前四位,四国煤炭进口总量占全球的58.7%;从出口维度来看,亚太地区出口量为18.98艾焦,占全球煤炭出口总量的59.7%,从国别来看,澳大利亚、印度尼西亚、俄罗斯是全球煤炭出口大国,出口量分别占全球总量的29.1%、26.8%和17.8%。

2. 中国煤炭贸易情况

2020年,我国煤炭进口3.04亿t,比2019年增长了1.4%,煤炭出口319万t,比2019年下降了47.1%。我国煤炭进口主要来自印度尼西亚、澳大利亚、俄罗斯、蒙古国、菲律宾等国家,其中,2020年从印度尼西亚进口1.4亿t,占我国煤炭进口总量的46.4%,从澳大利亚进口7 807.2万t,占25.7%,从俄罗斯进口3 366.9万t,占11.1%,从蒙古国进口2 855.1万t,占9.4%,从菲律宾进口811.4万t,占2.7%,从上述五国进口量合计占我国煤炭进口总量的95.3%。2021年,全国煤炭进口量3.23亿t,较上年增加0.19亿t,同比增长6.6%,创2013年以来新高;出口煤炭260万t,同比下降了18.4%;煤炭净进口3.2亿t,同比增长6.8%。

3. 河北省煤炭贸易情况

1)河北省历年煤炭出口情况

石家庄海关公布的河北省煤炭出口数据,仅有2008—2011年之间的数据,从这几年数据来看,河北省煤炭出口呈现出不断下降的走势,如表3-15所示。从国家层面来看,近几年我国煤炭出口规模较小,而且呈现不断下降的趋势。2016—2018年以来中国煤炭出口量持续下降,2019年出口量短暂增加,2020年出口量近乎腰斩,2021年煤炭出口量继续下降,出口量260万t,同比下降18.4%[①]。

表3-15　石家庄海关公布的河北省历年煤炭出口数据

年份	数量/万t	增长率/%	金额/千美元	增长率/%
2008	1150	−15.1	1 129 359	54.4
2009	346	−69.9	371 696	−67.1
2010	290	−16.4	317 321	−14.6
2011	212	26.7	393 388	23.8

2)河北省煤炭进口情况

据石家庄海关统计数据,河北省历年煤炭进口数据如表3-16~表3-18所示。整体上来看,2009年河北省煤炭进口大幅提升,进口量同比增长1 727.7%,进口金额同比增长941.3%,促使河北省煤炭进口提升到一个崭新的高度;2009—2013年河北省煤炭进口量和进口金额持续上扬;2014年开始,河北省煤炭进口呈现下滑走势并持续到2016年;2017—2020年间,除2018年有轻微下滑外,河北省煤炭进口量又呈现出较大的增长态势。

表3-16　2009—2014年河北省煤炭进口数量、金额及变化情况

年份	数量/t	数量增长率/%	金额/千美元	金额增长率/%
2009	4 926 303	1 727.7	612 186	941.3
2010	5 145 481	4.5	810 226	32.3
2011	5 540 484	7.7	968 148	19.5
2012	7 310 827	32.0	1 169 517	20.8
2013	11 613 573	58.85	1 529 728	30.8
2014	10 231 558	−11.9	1 126 867	−26.34

注:2014年数据根据11月累计数据测算得到。

表3-17　河北省煤与褐煤进口金额及变化情况

年份	金额/亿元	增长率/%
2015	32.4	−57.2
2016	21.1	−34.87
2017	47.64	125.78
2018	49.22	3.31

---

① 中商产业研究院.2021年中国煤炭行业运行情况总结及2022年行业走势预测[EB/OL].https://baijiahao.baidu.com/s?id=1722402615477481130&wfr=spider&for=pc.

表 3-18　2017—2020 年河北省煤与褐煤进口数量及变化情况

年份	数量/万 t	增长率/%
2017	516.1	27.3
2018	491.13	−4.84
2019	821.8	67.32
2020	1 088.4	32.44

总体来看,河北省煤炭进口量最多也只是达到 1000 万 t 的水平。

3.4.4　煤炭资源储备情况

河北省目前煤炭产地总数为 161 处,其中已利用矿产地 131 处,未利用矿产地 30 处,储备矿产地 55 处。河北省煤炭储备资源量为 1 456 643.78 万 t。河北省煤矿储备与储备矿产地具体数据如表 3-19 所示。

表 3-19　河北省煤矿储量与储备矿产地

数据来源	矿产地数/处	已利用矿产地/处	未利用矿产地/处	储备资源量/万 t
储量表	161	131	30	
储备矿产地	55	38	17	1 456 643.78

3.4.5　煤炭可供性评价

从前述的煤炭供需形势预测结果可以看出,当前及未来一段时间,河北省煤炭的自给率将仍处在较低水平。无论是基于回归模型的预测,还是仅考虑指标变化态势的 BP 神经网络预测,都给出了相似的结果——在正常情形下(目前政策不调整),至 2025 年河北省自产煤炭的供给率将持续降至 11% 左右的水平,至 2030 年则在 10%～11% 的水平。考虑到 2030 年碳达峰政策的影响,煤炭消费比例可能有大幅下降,但河北省自产煤炭的供给率至 2030 年也不会超过 15%。

将 2000—2020 年及预测得到的 2021—2030 年河北省煤炭生产量、消费量及自给率数据制图,得到图 3-13。

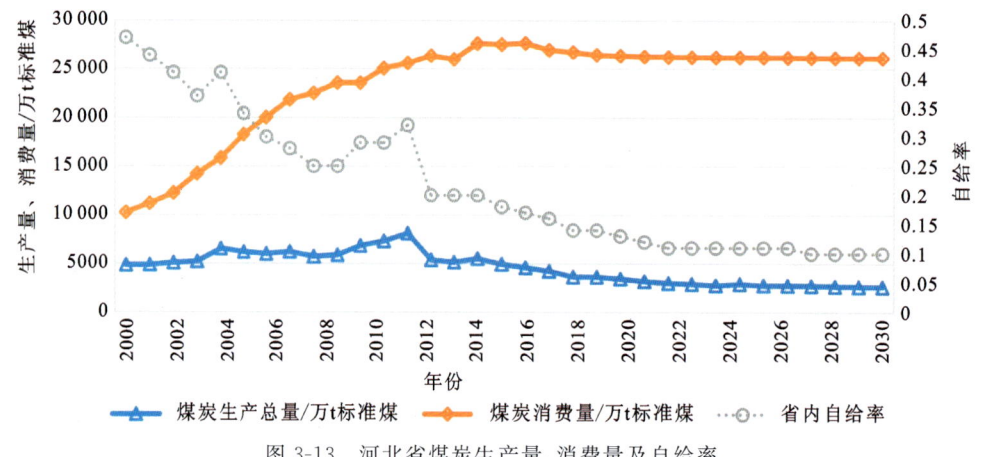

图 3-13　河北省煤炭生产量、消费量及自给率

从图 3-13 可以看到,河北省煤炭消费量在经历了 2000—2017 年明显的增长态势之后呈现出平稳下降的态势,且未来十年煤炭消费量处于相对平稳的态势;河北省煤炭生产在 2000—2012 年呈现出稳定增长的态势,2012 年之后稳步下降,未来 10 年河北省煤炭生产量仍有小幅下降;河北省煤炭自给率整体上呈现比较明显的下降走势,2013 年后下降的态势有所放缓,预测未来 10 年河北省煤炭自给率仍有小幅度的下降。

目前河北省煤炭的年产量控制在 4500 万 t,加上进口 1000 万 t 左右的水平,大量的供给缺口仍需要从其他省份外调。实际上,2021 年河北省主要矿产煤炭资源量 227.24 亿 t,经开采每年减少约 1.29 亿 t(2021 年),具有较强的储量保障程度。目前河北省确定的煤炭储备资源量为 145.66 亿 t、储备矿产地 55 个,具备增产扩能的条件。

考虑到生态文明建设和双碳目标的约束,在勘查方面,对已有储量和矿产地可开展进一步工作,查明优质(伴生污染物含量低)的煤炭矿产地。

3.5 河北省煤炭供应安全评价

3.5.1 构建评价指标体系

参考 PSR 在矿产资源安全评价中的应用,借鉴严筱等(2016)对矿产资源安全评价时所设立的评价指标体系,并根据河北省相关数据的可获取性对指标进行部分替换,构建出基于 PSR 模型的河北省煤炭资源安全评价指标体系如表 3-20 所示。

表 3-20 河北省煤炭资源安全评价指标体系

指标		内涵	方向
压力 P	GDP	年度 GDP/亿元	逆
	人口	年末人口数/万人	逆
	城市化率	城镇人口占总人口比例/%	逆
	废水	废水排放总量/万 t	逆
	废气	二氧化硫排放量/万 t	逆
	烟(粉)尘	烟(粉)尘排放量/万 t	逆
	进口集中度	矿产资源当年主要进口来源国的前五国占比合计	逆
状态 S	供求缺口	|供给-需求|/万 t 标准煤	逆
	储量	保有资源储量/万 t	正
	储采比	年末剩余(可采)储量/当年产量	正
	对外依存度	对外依存度	逆
	技术进步	财政科技公共预算支出/亿元	正
	利润总额	利润总额	正
	设计采矿能力	设计采矿能力	正

续表 3-20

指标		内涵	方向
响应 R	开发矿山数	开发矿山数/座	正
	从业人数	从业人数/人	正
	勘探投资	勘探投资/亿元	正
	环境治理	生态保护和环境治理业固定资产投资增长/万元	正
	R&D 经费	煤炭开采与洗选业 R&D 经费/万元	正

3.5.2 数据选择与权重计算

数据以河北省经济年鉴、河北省地质调查院统计数据为主,进口集中度数据参考国家数据。

采用极值化处理法将原始数据标准化处理,公式如下:

$$x_{ij}^* = \frac{x_{ij} - \min(x_{ij})}{\max(x_{ij}) - \min(x_{ij})} \tag{3-2}$$

$$x_{ij}^* = \frac{\max(x_{ij}) - x_{ij}}{\max(x_{ij}) - \min(x_{ij})} \tag{3-3}$$

式中:x_{ij}^* 为第 i 年第 j 个指标的标准化值($i=2012,2013,\cdots,2020$;$j=1,2,\cdots,20$);x_{ij} 为第 i 年第 j 个指标的实际值;$\max(x_{ij})$ 为该指数系列的最大值;$\min(x_{ij})$ 为该指标系列的最小值。正向指标采用式(3-2)进行无量纲处理,逆向指标采用式(3-3)进行无量纲处理。

运用客观赋权法中较为少用的反熵法对指标进行赋权。反熵法一方面能够规避极端情况下的指标失效情况,另一方面能够把指标间的差别体现出来,也能够在样本容量有限的情况下,减少人为赋权所造成的主观错误。具体计算步骤如下:

$$r_{ij} = x_{ij}^* / \sum_{i=2012}^{2020} x_{ij}^* \tag{3-4}$$

$$R_j = -\sum_{i=2012}^{2020} r_{ij} \times \ln(1 - r_{ij}) \tag{3-5}$$

根据式(3-4)、式(3-5)计算出第 j 个指标的反熵值 R_j,以此来确定第 j 个指标的客观权重 w_j,计算公式为

$$w_j = R_j / \sum_{j=1}^{20} R_j \tag{3-6}$$

根据各基础指标的标准化值 x_{ij}^* 和权重 w_j,可加权平均计算得到 3 个一级指标的综合评价值:U_P(压力)、U_S(状态)、U_R(响应)。

$$U_P = \sum w_{jP} \times x_{ij}^* \tag{3-7}$$

$$U_S = \sum w_{jS} \times x_{ij}^* \tag{3-8}$$

$$U_R = \sum w_{jR} \times x_{ij}^* \tag{3-9}$$

3.5.3 煤炭资源安全评价

U 为河北省煤炭资源安全的综合评估值,则有:

第3章 煤炭供需形势及供应安全评价

$$U = \sum(W_{U_P} * U_P + W_{U_S} * U_S + W_{U_R} * U_R) \tag{3-10}$$

借鉴严筱等(2016)对PSR的权重值,即

$$W_{U_P} = 0.240\ 2, W_{U_S} = 0.549\ 9, W_{U_R} = 0.209\ 8$$

根据式(3-2)~式(3-10)可以得到河北省2012—2020年煤炭资源压力-状态-响应综合得分(表3-21)和煤炭资源安全变化情况(图3-14)。

表3-21 2012—2020年河北省煤炭资源压力-状态-响应综合得分

年份	2012	2013	2014	2015	2016	2017	2018	2019	2020
P	0.235 6	0.217 2	0.185 0	0.118 2	0.128 0	0.142 4	0.146 2	0.213 9	0.176 8
S	0.144 7	0.154 7	0.134 9	0.127 6	0.180 6	0.140 7	0.141 9	0.169 1	0.181 1
R	0.127 3	0.116 9	0.089 0	0.090 7	0.084 5	0.068 2	0.068 9	0.079 2	0.132 0
综合	0.162 9	0.161 8	0.137 3	0.117 6	0.147 8	0.125 9	0.127 6	0.161 0	0.169 7

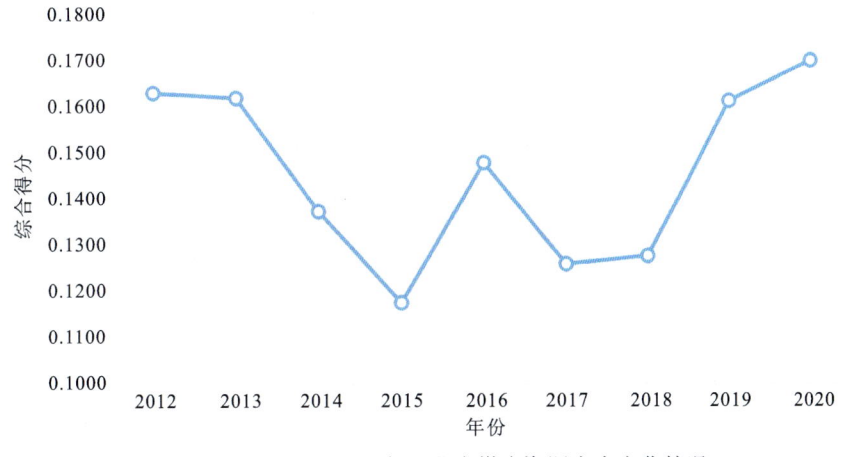

图3-14 2012—2020年河北省煤炭资源安全变化情况

从图3-14可以看到,2012—2020年河北省煤炭资源安全呈震荡式发展,2012—2015年间,河北省煤炭资源安全呈现不断严重的态势;2016年起,河北省煤炭资源安全状况不断提升,尤其是2016年煤炭安全状况提升明显,比2015年提升了25.66%,2017年和2018年较2015年提升缓慢,2019年和2020年又有显著幅度的提升。归纳而言,"十三五"时期河北省对煤炭资源安全重视程度有所提升,并采取了包括环保限产、产能控制、产能退出等策略,有效提升了河北省煤炭资源的安全态势,为河北省经济可持续发展提供了有效的保障。

3.5.4 未来煤炭资源安全形势预测

以2012—2020年河北省煤炭安全PSR模型的综合得分为基础数据,运用MATLAB对河北省煤炭安全未来形势做简单的BP神经网络预测,预测结果如图3-15所示。

从图3-15可以看到,2021—2025年河北省煤炭资源安全预测数值呈现出震荡发展的态势,但是,总体上而言震动幅度不大,说明河北省煤炭资源仍将持续保持相对稳定的安全态势。

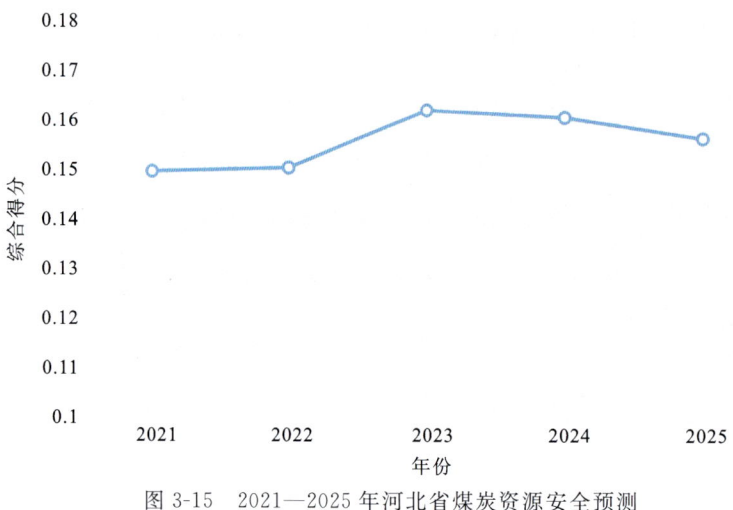

图 3-15　2021—2025 年河北省煤炭资源安全预测

3.5.5　未来煤炭资源安全分析

从宏观形势来看,中国作为世界第二大经济体的影响力与日俱增,虽然经济发展过程中受到美国的恶意阻挠,但是中国所倡导不强制其他国家选边的策略受到广泛的欢迎,中国经济发展的良好外部环境不会发生重大变动。而中国国内的内蒙古、新疆、山西、陕西等主要产煤地,一直以来都在执行压缩产能的政策,其具有补充国内煤炭需求的能力。

中国煤炭进口的几个主要国家中,除去澳大利亚执意选边站队美国压制中国以外,印度尼西亚、俄罗斯、蒙古国、菲律宾等国家均选择了理性的战略,没有盲目地割裂与中国的合作,因此,中国煤炭进口具有一定的保障。2022 年 9 月 16 日,蒙古国总统巴特图勒噶表示,愿同中国市场深化各领域合作,不断扩大煤炭出口贸易规模,同时加强口岸及公路铁路跨境运输合作,以便双方经贸往来。2019 年,蒙古国煤炭出口量为 310 万 t,其中绝大部分煤炭出口至中国;有声音指出,蒙古国凭借其价格优势和地理优势不断扩大对中国煤炭出口,大有超过当前中国最大的煤炭供应国澳大利亚之势。不止如此,蒙古国还计划建设一条专门的铁路,以将煤炭运至中国市场;而按照该国的说法,这条铁路的第一阶段预估将于 2021 年完成,建成后每年可将 3000 万 t 以上的蒙古国炼焦煤运送至我国[①]。随着近年来中蒙经贸关系不断推进,未来中蒙在各个领域的合作或许也会再朝前迈进一大步。

2021 年,全国原煤产量 41.3 亿 t,较上年增加 2.3 亿 t,同比增长 5.7%,创历史新高;其中,规模以上煤炭企业原煤产量 40.7 亿 t,同比增长 4.7%。我国煤炭生产重心加快向晋陕蒙新地区集中、向优势企业集中。2021 年,山西、内蒙古、陕西、新疆、贵州、安徽 6 个省(区)原煤产量超亿吨,产量共计 35.4 亿 t,占全国的 85.8%。

我国煤炭转运能力提高。2021 年,全国铁路累计发运煤炭 22.62 亿 t 以上,较上年增加 1.04 亿 t,同比增长 4.82%。环渤海七港口发运煤炭 8 亿 t 以上,同比增长 8.7%。截至 2021 年 12 月末,全国煤炭企业存煤 5800 万 t,较年初增长 5.6%;全国主要港口存煤 5931 万 t,较年初增长 18.9%;全国统调电厂存煤 1.68 亿 t,较年初增长 29.0%,创历史新高。

我国煤炭中长期合同制度彰显稳价作用。2021 年,动力煤中长期合同(5500kcal 下水煤)全年均价为 648 元/t,同比上涨 105 元/t,保持相对稳定,发挥了保供稳价"压舱石"的作用。

---

① 刘苏林.送来 3 万只羊后,蒙古国再次宣布:扩大对华煤炭出口[EB/OL].[2022-09-16]. https://cj.sina.com.cn/articles/view/2622472937/9c4fc2e902001dget.

第3章　煤炭供需形势及供应安全评价

煤矿安全法律法规标准体系进一步完善，企业安全生产主体责任和安全基础管理不断强化，安全生产投入长效机制逐步健全，对煤矿安全开采的规律性认识持续深化，安全生产标准化建设扎实推进，煤矿安全保障水平持续提升，深入开展煤矿安全生产专项整治三年行动等，促进煤矿安全生产形势稳定向好。2021年，全国煤矿百万吨死亡率降至0.044，同比下降24%。

2022年全国煤炭供给体系质量提升、供给弹性增强，煤炭中长期合同覆盖范围扩大，中长期合同履约监管持续加强，市场总体预期稳定向好，煤炭运输保障能力持续提升，预计煤炭市场供需将保持基本平衡态势。

河北省地处京津冀重点区域，经济发展落后于京津两地，但环保要求高、压力大，环保倒逼河北产业升级和煤炭产业高质量发展。原环境保护部等联合发布的《京津冀及周边地区2017年大气污染防治工作方案》明确指出，京津冀大气污染传输通道包括"2+26"城市，其中河北省8个城市属于该范围；要求实现煤炭消费总量负增长，解决煤炭利用污染物排放问题。河北省一次能源消费结构中，煤炭占绝对比重。虽然目前已有的相关产业对煤炭需求会有所下降，但河北省正处于快速发展期，并将承接大量从京津地区转移出来的制造业，经济社会发展对煤炭产品的依赖仍将持续相当长时间（李维明等，2019）。

从煤炭运输力量来看，2022年全国煤炭铁路运输结构性冲突有进一步加剧的趋势，西煤东运、北煤南调有可能进一步加大，河北省煤炭铁路运输瓶颈将更加显现，在一定程度上加剧河北省煤炭供求冲突。

从产业链来看，河北省内焦煤主要支持钢铁产业发展，煤炭过剩产能与钢铁过剩产能叠加造成了产业结构升级与经济发展的协调难点。河北省是全球钢铁重点产地，煤炭是支撑钢铁产业发展的重要基础。作为河北省经济发展的两大重要支柱，煤炭和钢铁行业同时化解过剩产能，为河北省经济社会发展带来巨大的挑战。

2023年2月7日，河北省生态环境厅等七部委印发《河北省减污降碳协同增效实施方案》。方案提出，将推动能源绿色低碳转型。方案明确指出，到2025年，力争河北全省光伏发电装机总规模达到6000万kW，风电装机总规模达到4600万kW，煤炭消费量较2020年下降10%左右；"十五五"时期煤炭消费占比持续降低。

总体来看，河北省煤炭保有资源储量相对稳定，能源消费占比持续下降，去产能、调结构成为近几年的主要任务，生产数量持续下降，自给率下降、进口贸易数量增长，受环境保护约束明显，碳中和、碳达峰的限制作用明显，政策趋向于持续降产能、降消费占比。因而，如何有效协调河北省产业发展需求与政策制约的关系，就成为河北省煤炭产业发展的重中之重。考虑到河北省经济高速发展对煤炭的必然需求，应当在满足产能限制和环境保护要求的基础上，有效用好国家煤矿产能核增调整政策，有序释放煤矿生产潜能，重视省外煤炭资源调入保障体系建设，适度提升煤炭储备能力等，以确保河北省煤炭能源安全。

第 4 章　铁矿供需形势及供应安全评价

4.1　铁矿供需态势

4.1.1　全球铁矿供需分析

1. 铁矿石储量

铁是人类运用最广泛的金属之一，也是人类使用时间最长的金属之一，同时，铁也是地球上分布最广的金属之一，约占地壳质量的5.1%，达到了1800亿 t[1]。从全球范围来看，澳大利亚、巴西、俄罗斯、中国等国家铁矿石储备较多，表4-1为全球主要国家铁矿石储量。从表4-1中也可以看到，从品质上来讲澳大利亚、巴西和俄罗斯三国的铁矿资源品位较好。

表 4-1　全球主要国家铁矿石储量　　　单位：百万 t

国家	铁矿石储量	含铁量
美国	3000	1000
澳大利亚	51 000	25 000
巴西	34 000	15 000
加拿大	6000	2300
中国	20 000	6900
印度	5500	3400
伊朗	2700	1500
哈萨克斯坦	2500	900
俄罗斯	25 000	14 000
秘鲁	2600	1500
乌克兰	6500	2300
全球总计	180 000	85 000

数据来源：USGS.《Mineral Commodity Summaries 2022》. U. S. Geological Survey，2022.

---

[1] 引自《Mineral Commodity Summaries 2022》.

2. 铁矿石产量与消费量

根据《Mineral Commodity Summaries 2022》公布的数据,2021年全球铁矿石产量预计达到26.0亿t,较2020年的24.7亿t增长了1.3亿t,增长率为5.26%。从主要铁矿石生产国家来看,澳大利亚2021年铁矿石产量预计为9.0亿t,较2020年的9.12亿t下降了1.32%;巴西2021年铁矿石产量预计为3.80亿t,较2020年的3.88亿t下降了2.06%;俄罗斯2021年铁矿石产量预计为1.0亿t,与2020年持平;伊朗2021年铁矿石产量预计为0.50亿t,较2020年的0.49亿t增长了2.04%。

2020年全球铁矿石表现消费量为2 299.1百万t,铁矿石实际消费量没有直接统计数据,但是可以通过生铁产量、直接还原铁产量、粗钢产量及钢材产量等指标间接显示铁矿石的消费量,其中生铁产量最能反映铁矿石的消费情况。

1)生铁产量

2020年全球生铁产量为13.536亿t,较2020年的13.417亿t增长了0.89%;全球消费量为13.543亿t。

2)直接还原铁产量

2020年全球直接还原铁产量为113.85百万t,较2020年略有增长,2017年以来全球还原铁产量数据如表4-2所示。

表4-2 全球主要国家铁矿石储量   单位:百万t

年份	2017	2018	2019	2020	2021
世界	92.2	105.3	109.4	104.3	113.85
亚洲	30.1	35.2	37.5	34.4	39.8

数据来源:《Mineral Commodity Summaries 2022》。

3)粗钢产量

根据《世界钢铁统计数据2022》公布的内容,2021年全球粗钢产量为19.51亿t,较2020年增长了3.82%。2020年和2021年全球粗钢产量前十位的国家和其数值如表4-3所示。

表4-3 全球主要国家铁矿石产量   单位:百万t

国家或地区	2021年		2020年	
	排名	产量	排名	产量
中国	1	1 032.8	1	1 064.7
印度	2	118.2	2	100.3
日本	3	96.3	3	83.2
美国	4	85.8	4	72.7
俄罗斯	5	75.6	5	71.6
韩国	6	70.4	6	67.1
土耳其	7	40.4	7	35.8
德国	8	40.1	8	35.7
巴西	9	36.2	9	31.4
伊朗	10	28.5	10	29.0
世界		1 951.2		1 879.4

数据来源:《Mineral Commodity Summaries 2022》。

世界粗钢产量1950年以来呈现出震荡上扬的走势,1950—2020年世界粗钢产量如图4-1所示。

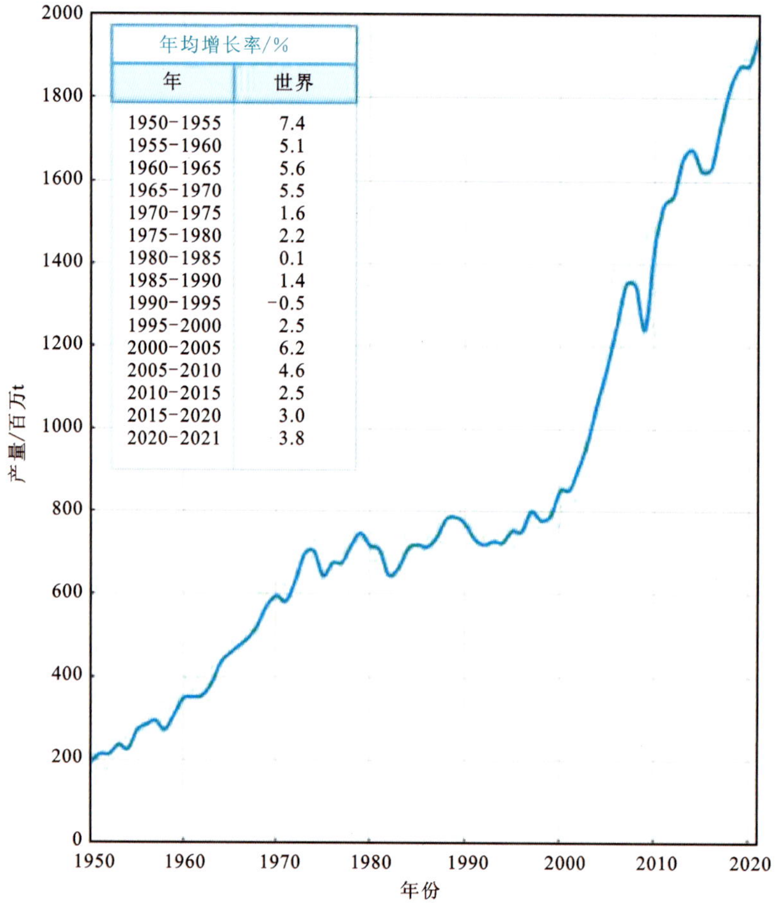

年均增长率/%	
年	世界
1950—1955	7.4
1955—1960	5.1
1960—1965	5.6
1965—1970	5.5
1970—1975	1.6
1975—1980	2.2
1980—1985	0.1
1985—1990	1.4
1990—1995	−0.5
1995—2000	2.5
2000—2005	6.2
2005—2010	4.6
2010—2015	2.5
2015—2020	3.0
2020—2021	3.8

图 4-1　1950—2020 年世界粗钢产量

(资料来源:《世界钢铁统计数据 2022》)

4.1.2　中国铁矿供需分析

我国是铁矿资源大国,但是禀赋较差,多为贫矿,根据《中国矿产资源报告 2021》公布的数据,我国 2020 年铁矿石储量为 108.78 亿 t。我国铁矿石资源主要集中在辽宁、四川、河北、山东、安徽等地。2021 年中国钢铁产量占全球的 52.9%,较 2011 年的 45.6% 增长了 7.3 个百分点;2021 年世界钢铁表现消费总量为 18.34 亿 t,其中中国钢铁表现消费量(成品钢)占 51.9%,比 2011 年的 45.2% 增长了 6.7 个百分点;2020 年中国生铁产量为 868.6 百万 t,较 2019 年的 907.6 百万 t 略有下降,2020 年中国生铁消费量为 870.5 百万 t。2021 年是我国"十四五"的开局之年。随着国内"双碳""双控"政策措施逐步落实,我国钢铁产量再次呈现下降态势,生铁和粗钢产量近 40 年来第三次下降,前两次下降分别在 1981 年和 2015 年。据国家统计局发布的统计数据显示,2021 年中国(大陆地区,下同)的生铁、粗钢产量分别达到 8.69 亿 t 和 10.33 亿 t,分别同比下降了 4.3% 和 3.0%。尽管钢铁产量有所下降,但由于基数庞大,我国粗钢产量占全球比重仍然超过了 50%。

中国生铁产量严重依赖铁矿石。相对于粗钢产量占全球的比重,中国生铁产量的占比更高。1990 年,全球生铁产量为 5.3 亿 t,中国生铁产量仅有 0.6 亿 t,仅占全球产量的 11.8%。之后呈持续上升趋势,进入 21 世纪后,增速进一步加快。2000 年,全球生铁产量为 5.8 亿 t,中国生铁产量升至 1.3 亿 t,占全球的比重为 22.7%;2010 年,全球生铁产量为 10.3 亿 t,中国生铁产量升至 5.9 亿 t,占比提高到

57.6%;2020年,全球生铁产量为13.2亿t,中国为8.9亿t,占比提高到67.3%。这个比例与中国进口铁矿数量占全球铁矿贸易量的比重是匹配的。2020年,我国铁矿石进口量达11.7亿t,据此估算,中国对进口铁矿石的依存度达到82.3%。1990年以来全球及中国生铁产量如图4-2所示。

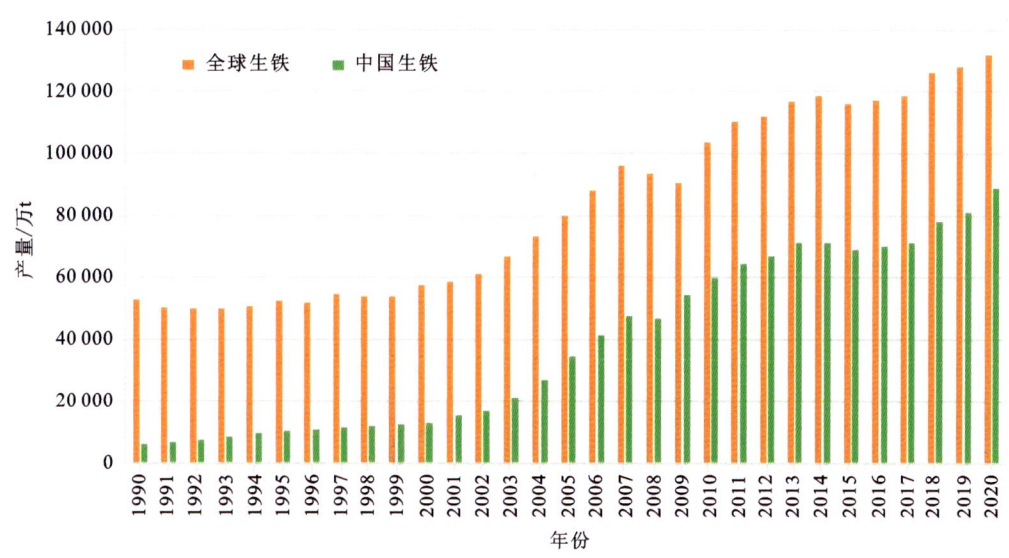

图4-2　1990—2020年全球和中国炼钢生铁产量走势图

(资料来源:刁力."十四五"进口铁矿石需求形势展望.2022-02-28.[EB/OL]. http://news.sohu.com/a/525979305_267953)

4.1.3　河北省铁矿供需情况

1. 环境分析

工业和信息化部、国家发展和改革委员会、生态环境部2022年2月7日发布了《关于促进钢铁工业高质量发展的指导意见》[①]指出,"十三五"时期,我国钢铁工业深入推进供给侧结构性改革,化解过剩产能取得显著成效,产业结构更加合理,绿色发展、智能制造、国际合作取得积极进展,有力支撑了经济社会健康发展;"十四五"时期,我国钢铁工业仍然存在产能过剩压力大、产业安全保障能力不足、绿色低碳发展水平有待提升、产业集中度偏低等问题。

指导意见提出要坚持创新发展,突出创新驱动引领,推进产学研用协同创新,强化高端材料、绿色低碳等工艺技术基础研究和应用研究,强化产业链工艺、装备、技术集成创新,促进产业耦合发展,强化钢铁工业与新技术、新业态融合创新;坚持总量控制。优化产能调控政策,深化要素配置改革,严格实施产能置换,严禁新增钢铁产能,扶优汰劣,鼓励跨区域、跨所有制兼并重组,提高产业集中度;坚持绿色低碳。坚持总量调控和科技创新降碳相结合,坚持源头治理、过程控制和末端治理相结合,全面推进超低排放改造,统筹推进减污降碳协同治理;坚持统筹协调。统筹供给保障、绿色低碳、资源安全和行业发展,遵循钢铁工业发展规律,保持去产能政策的稳定性和前瞻性,提高供需的适配性、有效性。

钢铁工业高质量发展的主要目标则包括:力争到2025年,钢铁工业基本形成布局结构合理、资源供应稳定、技术装备先进、质量品牌突出、智能化水平高、全球竞争力强、绿色低碳可持续的高质量发展格局;创新能力显著增强。行业研发投入强度力争达到1.5%,氢冶金、低碳冶金、洁净钢冶炼、薄带铸轧、无头轧制等先进工艺技术取得突破进展。关键工序数控化率达到80%左右,生产设备数字化率达到

---

① 工业和信息化部、国家发展和改革委员会、生态环境部《三部委关于促进钢铁工业高质量发展的指导意见》(工信部联原〔2022〕6号).2022-01-20.

55%,打造30家以上智能工厂;产业结构不断优化。产业集聚化发展水平明显提升,钢铁产业集中度大幅提高。工艺结构明显优化,电炉钢产量占粗钢总产量比例提升至15%以上。布局结构更趋合理,钢铁市场供需基本达到动态平衡;绿色低碳深入推进。构建产业间耦合发展的资源循环利用体系,80%以上钢铁产能完成超低排放改造,吨钢综合能耗降低2%以上,水资源消耗强度降低10%以上,确保2030年前碳达峰;资源保障大幅改善。资源多元化保障能力显著增强,国内铁矿山产能、规模、集约化水平大幅提升,废钢回收加工体系基本健全,利用水平显著提高,钢铁工业利用废钢资源量达到3亿t以上;供给质量持续提升。高端钢铁产品供给能力大幅增强,品种和质量提档升级,每年突破5种左右关键钢铁材料,形成一批拥有较大国际影响力的企业品牌和产品品牌。

指导意见提出钢铁工业发展的主要任务,包括增强创新发展能力、严禁新增钢铁产能、优化产业布局结构、推进企业兼并重组、有序发展电炉炼钢、深入推进绿色低碳、大力发展智能制造、大幅提升供给质量、提高资源保障能力、提升本质安全水平、维护公平市场秩序、提升开放合作水平等。

2. 河北省钢铁产业现状

河北省是钢铁大省,钢铁工业作为河北省最重要的主导产业之一,在经济和社会发展中占有举足轻重的地位,是建设沿海经济强省的第一大战略支撑产业。在国内、国际市场的拉动下,河北省的粗钢产量快速增长。2020年河北省粗钢产量24 976.95万t,远远高出世界第二印度的9960万t以及全国排名第二江苏省的1.21亿t。2012—2021年的10年间,河北省粗钢产量累计达到20.75亿t,占全国粗钢总产量87.72亿t的23.65%;占世界粗钢总产量172.515亿t的12.03%。这一数据也足以表明河北省钢铁大省的身份,甚至在很大程度上足以影响整个中国乃至世界钢铁行业的发展[①]。

2013年以来,国家加大了淘汰落后产能的力度,2013年底,国务院提出5年内压缩8000万t产能,其中6000万t落在钢铁第一大省河北,占钢铁产能的1/3。"十三五"期间河北压减退出粗钢产能8200多万吨,由峰值时的3.2亿t压减到2020年的2.4亿t。

3. 钢材出口与铁矿石进口状况

近几年来,河北省钢材出口额呈现出递减的趋势,2015年钢材出口额为611.2亿元,到2020年下降为269.9亿元,2015—2020年河北省钢材出口额如表4-4所示。

表4-4 2015—2020年河北省钢材出口额

年份	2015	2016	2017	2018	2019	2020
金额/亿元	611.2	534.7	386.46	331.2	319.41	269.9

资料来源:石家庄海关。

从表4-4中可以看到,2015—2021年受到国际国内经济政治环境的影响,河北省钢材出口呈现出逐年递降的趋势,年均降幅为17.7%。2020年以来,国际市场受新冠肺炎疫情影响较大,而国内相对安全的环境为河北省钢材生产提供了良好的契机,根据石家庄海关2022年公布的数据,2021年河北钢材出口389.8亿元,较2020年增长了44.42%;2022年上半年,河北省钢材出口196亿元,占全省出口总值的比重达到12.3%(苑立立,2022)。考虑到新冠肺炎疫情对世界经济的长期影响及中国相对安全的生产环境,未来河北省钢材出口有持续向好的走势。另外,近年来河北省钢材出口有量减价涨的走势,如2017年河北省钢材出口量减少近55%,但是平均价格上涨也有近59%[②],未来钢材出口的价格趋势也

---

① 粗钢产量超20亿吨、压减产能8000多万吨!河北钢铁的浮沉十年.今日钢铁.2022-02-07.[EB/OL] https://baijiahao.baidu.com/s?id=1724094314994200703wfr=spi&der&for=pc.

② 2017年河北省外贸扭转连续两年下降态势企稳回升.2018-01-19.中国新闻网.[EB/OL] https://cj.sina.com.cn/articles/view/1784473157/6a5ce645020006jp4.

值得关注。

近年来,河北省铁矿砂及其精矿进口量呈现出震荡下降的走势,2015—2020 年河北省铁矿砂及其精矿进口量如表 4-5 所示。

表 4-5　2015—2020 年河北省矿砂及其精矿进口量

年份	2015	2016	2017	2018	2019	2020
进口量/万 t	16 105.4	13 531.79	10 948.69	13 219.3	11 024.9	13 073.0

资料来源:石家庄海关,2017 年数据为 1—11 月数据测算得到。

从表 4-5 中可以看到,2015—2020 年河北省铁矿砂及其精矿进口量整体上呈现下降走势,从 2015 年最高的 16 105.4 万 t,最低一度降至 10 948.69 万 t,"十三五"时期河北省年均铁矿砂及其精矿进口量为 12 359.54 万 t,下降趋势明显。而根据石家庄海关公布的数据,2021 年河北省进口铁矿砂及其精矿 10 844.4 万 t,较"十三五"时期又有明显下降,而 2022 年上半年河北省铁矿砂及其精矿进口 5 059.6 万 t,减少 5.4%。由此可以看到,受到经济发展、新冠肺炎疫情、钢材出口等因素直接或间接作用的影响,河北省铁矿砂及其精矿进口量未来可能继续呈现出逐步下降的走势。

河北省的粗钢产量为河北省的快速发展提供了强劲的支撑,展望未来,在机遇中寻求突破,不断推动钢铁行业转型升级,向产业高质量发展道路迈进是河北省钢铁产业发展的必然之路。受到钢铁产业的巨大推动,河北省钢铁产量未来仍将保持在相对数量的水平,而根据对河北省铁矿石保有量和产量、粗钢产量、环境要求以及钢材出口和铁矿砂及其精矿进口等因素的综合分析,其处于相对稳定的状态之下,未来铁矿供需安全未见明显的威胁。

4.2　铁矿需求预测

4.2.1　回归模型预测

1. 基本思路

铁矿石需求量可以通过两个途径进行预测:一种是直接根据各部门对铁矿石的消耗量进行分析,从而对未来的需求量进行预测;另一种是先预测粗钢需求量,再通过钢铁生产过程预测铁矿石的需求量。

驱动铁矿石需求的动力是国民经济发展对钢铁及其制品的需求,铁矿石与市场的联系不是直接的,而是通过生铁—粗钢—钢材、钢铁制品进入市场。铁矿石的用途只用于钢铁冶炼,钢铁及其制品又完全市场化,本研究拟采用的预测思路是:首先将粗钢与国民经济增长相联系,建立粗钢需求预测模型;其次根据粗钢—生铁比、生铁—铁精矿比,从粗钢需求推导出铁矿石需求。

对于一个地区的铁矿石需求来说,它主要满足粗钢产品的生产需求;但一个地区的粗钢产品(包括后续的钢材等产品)不止供应该地区,为此预测粗钢的总需求放在全国统一大市场背景下可能更为科学,然后根据该地区粗钢占全国的比例,将粗钢产量从全国份额中剥离出来。观察河北省近 20 年的粗钢生产占全国的比重,相对稳定,因此,此方法可行。之后再根据河北省粗钢的生产需求,根据前述的粗钢-生铁比、生铁-铁精矿比,进一步测算出铁矿石的需求量。

2. 粗钢需求量预测模型

目前资源需求预测方法主要有趋势外推法、专家经验预计法、计量经济模型、神经网络法、灰色理论法、移动平均法、工程模型法、回归分析法、时间序列回归模型法、投入产出模型法等方法。由于铁矿石需求的内在动力是经济发展,因此国际上在资源需求预测领域应用最广泛的是计量经济模型法。关于铁矿石需求预测的研究,近年来也在不断发展,如龙宝林和叶锦华(2010)根据钢铁消费规律和我国钢铁生产特征预测了中国 2020 年的铁矿石产量;赵瑞荣和王汉波(1999)应用灰色预测理论建立我国铁矿石的需求预测模型;张慧丽(2005)建立了中国铁矿石需求预测系统动力学模型,预测了国民经济高、中、低速发展速度下我国铁矿石需求量。

先预测全国粗钢需求量,参考已有成果,根据经济预测的相关理论,设定变量如下:

(1)粗钢需求量(STEEL),用全国粗钢的年产量来代表,数据来源于历年《中国统计年鉴》。

(2)人均地区生产总值(AGDP),按 2000 年不变价格计算(用全国各年 CPI 进行平减),数据来源同上。

(3)产业结构(INDUSTRY),按历年第二产业增加值占地区生产总值比重计算,数据来源同上。

(4)城镇化率(URBAN),按历年全国城镇人口占总人口比重计算,数据来源同上。

构建如下方程:

$$STEEL = \beta_0 + \beta_1 \cdot AGDP + \beta_2 \cdot INDUSTRY + \beta_3 \cdot URBAN + \mu$$

模型的基础数据如表 4-6 所示。

表 4-6 全国粗钢需求量预测基础数据

年份	STEEL/万 t	AGDP(元/人)	INDUSTRY/%	URBAN/%
2000	12 850	7942	45.54	36.22
2001	15 163	8717	44.79	37.66
2002	18 237	9506	44.45	39.09
2003	22 234	10 666	45.62	40.53
2004	28 291	12 487	45.90	41.76
2005	35 324	14 368	47.02	42.99
2006	41 915	16 738	47.56	44.34
2007	48 929	20 494	46.88	45.89
2008	50 306	24 100	46.97	46.99
2009	57 218	26 180	45.96	48.34
2010	63 723	30 808	46.50	49.95
2011	68 528	36 277	46.53	51.83
2012	72 388	39 771	45.42	53.10
2013	81 314	43 497	44.18	54.49
2014	82 231	46 912	43.09	55.75
2015	80 383	49 922	40.84	57.33
2016	80 761	53 783	39.58	58.84
2017	87 074	59 592	39.85	60.24
2018	92 904	65 534	39.69	61.50
2019	99 542	70 078	38.59	62.71
2020	106 477	71 828	37.84	63.89
2021	103 524	80 976	39.43	64.72

数据来源:历年《中国统计年鉴》。

3. 粗钢回归模型

对基础数据进行对数化处理以消除异方差,回归结果列示如下(括号内为 t 检验统计量):

$$\text{STEEL} = -0.420 \times \text{AGDP} + 3.808 \times \text{INDUSTRY} + 6.046 \times \text{URBAN} + 22.420$$
$$(-0.988) \quad\quad\quad (7.179) \quad\quad\quad (3.935) \quad (3.928)$$

$$A-R^2 = 0.992$$
$$F\text{-statistic} = 733.703$$
$$\text{Durbin-Watson stat} = 1.608$$

异方差:Prob. $F(3,18) = 0.547 > 0.05$;序列相关:Prob. $F(2,16) = 0.597 > 0.05$

模型整体拟合效果通过检验,除人均 GDP 外,解释变量也具有明显的显著性。故将使用此方程来进行预测。

4. 粗钢产量预测

模型预测涉及 3 个变量的参数,即人均地区生产总值数据(AGDP)、产业结构(INDUSTRY)和城镇化率(URBAN)。参考国际货币基金组织(IMF)、经合组织(OECD)和中国式现代化研究课题组[①]对中国经济增长速度的预测,2022—2027 年取国际货币基金组织的预测值(表 4-7),2028—2030 年则延续它们的预测,取 4.6% 的实际 GDP 增长速度进行计算。第二产业比重则直接使用了中国式现代化研究课题组的预测结果,2025 年和 2030 年分别取 35.32%、33.69%。2030 年中国城镇化率使用了《国家人口发展规划(2016—2030 年)》的预期指标,并参考相关研究机构的结论,取 70%;2025 年的值使用指数平滑法在 2021 年实际值和 2030 年预期值的基础上进行了测算,取 67%。

表 4-7 2022—2030 年中国宏观经济指标预测值

年份	GDP 预期增长率/%			第二产业增加值比重/%	城镇化率/%
	IMF	OECD	中国式现代化研究课题组		
2022	3.205	3.3	6.50		
2023	4.441	4.6	6.31		
2024	4.498	4.1	6.13		
2025	4.633		5.96	35.32	67
2026	4.602		5.80		
2027	4.628		5.64		
2028			5.49		
2029			5.35		
2030			5.20	33.69	70

注:①GDP 预期增长率参考:IMF,https://www.imf.org/en/Publications/WEO;OECD,https://www.oecd-ilibrary.org/economics/oecd-economic-outlook_16097408;中国式现代化研究课题组(负责人:高培勇、黄群慧),《中国式现代化的理论认识、经济前景与战略任务》,http://ie.cssn.cn/academics/recent_papers/202211/t20221110_5562891.html。②第二产业比重使用了中国式现代化研究课题组的预测结果。③2030 年城镇化率使用了《国家人口发展规划(2016—2030 年)》的预期指标,并参考了相关研究机构的成果;2025 年的值使用指数平滑法在 2021 年实际值和 2030 年预期值的基础上进行了测算。

[①] 中国式现代化研究课题组(负责人:高培勇、黄群慧),《中国式现代化的理论认识、经济前景与战略任务》,http://ie.cssn.cn/academics/recent_papers/202211/t20221110_5562891.html。

将表 4-7 的预测参数代入拟合的回归模型,推算得出 2025 年、2030 年全国粗钢产量(表 4-8)。据统计,2004 年以来河北省粗钢产量占全国比重较为稳定,平均比重为 22.931%。采用 BP 神经网络分析,以 2004—2021 年的数据为基础,预测出 2025 年、2030 年河北省产量占比分别为 25.980%、20.400%;据此,劈分出河北省粗钢产量,分别为 1.94 亿 t 和 1.52 亿 t。

表 4-8 粗钢产量预测结果

数值类型	年份	全国粗钢产量/万 t	河北省产量占比/%	河北省粗钢产量/万 t
统计值	2000	12 850	9.573	1230
	2001	15 163	12.989	1970
	2002	18 237	14.584	2660
	2003	22 234	18.283	4065
	2004	28 291	20.164	5704
	2005	35 324	21.020	7425
	2006	41 915	21.702	9096
	2007	48 929	21.601	10 569
	2008	50 306	23.038	11 589
	2009	57 218	23.657	13 536
	2010	63 723	22.690	14 459
	2011	68 528	24.006	16 451
	2012	72 388	24.933	18 048
	2013	81 314	23.181	18 850
	2014	82 231	22.535	18 530
	2015	80 383	23.428	18 832
	2016	80 761	23.848	19 260
	2017	87 074	21.960	19 121
	2018	92 904	25.535	23 723
	2019	99 542	24.269	24 158
	2020	106 477	23.458	24 977
	2021	103 524	21.731	22 497
预测值	2025	74 839	25.980	19 443
	2030	74 412	20.400	15 180

5. 铁矿石需求量推算

根据 2012 年以来河北省生铁与粗钢产量的对比平均值(0.918∶1),推算 2025 年、2030 年河北省生铁产量。参考贾逸卿等(2021)的研究,根据生铁产量以 1∶1.6 比例折算铁精矿的需求量(表 4-9)。2025 年、2030 年河北省铁精矿的需求量分别为 2.66 亿 t、2.0768 亿 t。

第4章 铁矿供需形势及供应安全评价

表4-9 河北省铁矿石(铁精矿)预测结果

数值类型	年份	粗钢产量/万t	生铁产量/万t	铁精矿需求量/万t
统计值	2000	1230	1709	
	2001	1970	2177	
	2002	2660	2921	
	2003	4065	4227	
	2004	5704	5454	
	2005	7425	6841	
	2006	9096	8280	
	2007	10 569	10 523	
	2008	11 589	11 356	
	2009	13 536	13 322	
	2010	14 459	13 710	
	2011	16 451	15 450	
	2012	18 048	16 359	
	2013	18 850	17 028	
	2014	18 530	16 942	27 107
	2015	18 832	17 382	27 812
	2016	19 260	18 398	29 437
	2017	19 121	17 997	28 796
	2018	23 723	21 396	34 234
	2019	24 158	21 774	34 839
	2020	24 977	22 904	36 646
	2021	22 497	20 203	32 325
预测值	2025	19 443	16 625	26 600
	2030	15 180	12 980	20 768

注：2014—2018年铁精矿数据为按1∶1.587 3比例进行折算的结果。

6. 河北省铁矿石供需平衡分析

根据铁矿石产量的统计数据和预测数据，测算了省内铁矿石资源的供给度，如表4-10所示。省内铁矿石产量、省内铁精粉产量源于河北省地质调查院《河北省矿产资源供需形势分析报告》(2021)。2025年、2030年省内铁精矿产量源于《河北省矿产资源总体规划(2021—2025年)》预期指标值。

因此，随着经济发展阶段在2025年步入工业化中后期，而城镇化也进入高质量发展期，对钢铁的需求相对放缓，规划期省内铁矿石自给程度相对"十三五"期间逐步提高。按照《河北省矿产资源总体规划(2021—2025年)》预期指标值(7000万t铁精矿)，至2025年、2030年省内供给度分别回升到26%和34%的水平，省内自给程度逐步回升。

表 4-10 河北省铁矿石供需平衡分析

年份	铁精矿需求量/万 t	省内铁矿石产量/万 t	省内铁精矿产量(折合)/万 t	省内供给度/%
2014	27 107	18 703.50	8 148.77	30.06
2015	27 812	11 852.53	5 940.92	21.36
2016	29 437	12 240.55	5 235.74	17.79
2017	28 796	15 159.46	5 685.34	19.74
2018	34 234	15 230.43	5 367.10	15.68
2019	34 839	15 931.96		
2020	36 646	14 585.00		
2021	32 325	13 380.76		
2025	26 600	—	7000	26.32
2030	20 768	—	7000	33.71

数据来源：①省内铁矿石产量、省内铁精粉产量源于河北省地质调查院《河北省矿产资源供需形势分析报告》(2021)。②2025 年、2030 年省内铁精矿产量源于《河北省矿产资源总体规划(2021—2025 年)》预期指标值。

4.2.2 BP 神经网络预测

同样，采用 BP 神经网络模型对铁精矿的需求量进行预测，与回归模型预测结果进行比较。

1. 基本思路

1) 确定输入层和输出层

以河北省粗钢产量数据为基础数据，代表河北省铁矿需求量。

以 2000—2020 年数据为研究内容，数据来源于历年《河北经济年鉴》(2020 年起更名为《河北统计年鉴》)，然后以 13 年的粗钢产量数据为一个组作为输入神经元，以下一年的粗钢产量数据作为输出神经元，以此类推，共形成 7 组输入输出数据(同前)。

样本数据即为分组数，输入网络为 13 个输入神经元，输出神经元为 1 个。

以 2008—2020 年数据为预测输入神经元，进而预测 2021 年数据；以 2008—2021 年数据为预测输入神经元，进而预测 2022 年数据；以此类推预测之后各年的相关数据。

2) 确认隐含层单元数

隐含层神经元数目由以下公式计算得到：

$$nl = \sqrt{m+n} + a$$

式中：m 为输入神经元数；n 为输出神经元数；a 为 1~10 之间的常数，此处 a 值取 5；nl 初值取 10。

2. 预测所需基础数据

河北省粗钢产量 BP 神经网络分析的原始数据来源于《河北统计年鉴 2021》，具体数据如表 4-11 所示。

第4章 铁矿供需形势及供应安全评价

表4-11 2000—2020年河北省粗钢产量

年份	粗钢/万 t	年份	粗钢/万 t
2000	1 230.10	2011	16 452.24
2001	1 969.65	2012	18 048.38
2002	2 659.63	2013	18 849.63
2003	4 035.00	2014	18 530.34
2004	5 641.39	2015	18 832.98
2005	7 386.40	2016	19 259.97
2006	9 096.29	2017	19 121.47
2007	10 706.44	2018	23 729.85
2008	11 589.42	2019	24 157.70
2009	13 536.27	2020	24 976.95
2010	14 458.79	2021	22 496.50

资料来源：《河北统计年鉴2021》。

3. 预测过程与结果

根据之前拟定的方法，以2000—2019年的数据作为训练样本，以2014—2020年的数据作为检验样本，确定输入层为13层，最多训练次数$N=5000$，学习速率$lr=0.035$，目标误差$E0=0.65*10^{-9}$。应用BP神经网络模型对河北省2022—2030年的粗钢产量进行预测，得到如表4-12所示的数据。

表4-12 2021—2030年河北省粗钢产量预测　　　　　　　　　　　　单位：万 t

年份	2021	2022	2023	2024	2025
粗钢产量	—	24 564.34	23 063.30	22 950.70	23 139.77
年份	2026	2027	2028	2029	2030
粗钢产量	23 234.97	23 456.91	22 343.21	23 344.81	22 149.02

根据BP神经网络分析的结果，2021—2030年间，河北省粗钢产量呈震荡下降态势，"十四五"时期河北省粗钢年均生产总量约为23 242.92万 t，"十五五"时期河北省粗钢年均生产总量约为22 905.78万 t。

采用生铁与粗钢产量的对比平均值(0.918∶1)及铁精矿需求与生铁产量以1∶1.6比例进行折算，可以得到河北省2022—2030年铁精矿的预测需求量如表4-13所示。

表4-13 2021—2030年河北省铁精矿需求量预测　　　　　　　　　　单位：万 t

年份	2021	2022	2023	2024	2025
粗钢	22 496.50	24 564.34	23 063.30	22 950.70	23 139.77
生铁	20 651.787	22 550.064	21 172.109	21 068.743	21 242.309
铁精矿	33 042.859	36 080.103	33 875.375	33 709.988	33 987.694
年份	2026	2027	2028	2029	2030
粗钢	23 234.97	23 456.91	22 343.21	23 344.81	22 149.02
生铁	21 329.702	21 533.443	20 511.067	21 430.536	20 332.800
铁精矿	34 127.524	34 453.509	32 817.707	34 288.857	32 532.481

注：2021年粗钢产量为实际值，其他年份为预测值。

测算2011—2020年河北省铁精矿需求量,与2021—2030年预测数据汇总制图,得到图4-3。

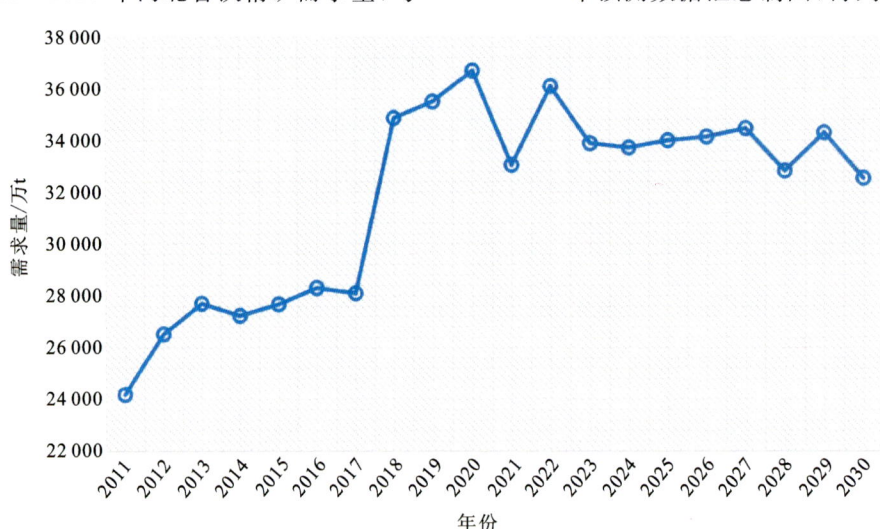

图4-3　2011—2030年河北省铁精矿需求量变化情况（2022年起为预测值）

从图4-3可以看到,2011—2017年河北省铁精矿需求量处于第一个发展阶段,在该阶段河北省铁精矿需求量整体上处于增长态势,但是增长相对缓慢,尤其是2012—2017年间呈现震荡增长态势;2018年,河北省铁精矿需求量提升了一个层次,并在2018—2020年保持增长态势,2021—2030年河北省铁精矿需求量呈现出震荡的态势,但是震荡的幅度不大。

4.2.3　铁矿需求预测结果评价

对比回归模型预测与BP神经网络预测的结果,BP神经网络预测的结果仍呈现出了扩张性的震荡变动趋势,考虑到京津冀及周边地区城市化和工业化发展的情况,认为回归模型的预测结果更符合预期。故取2025年、2030年河北省铁精矿的需求量分别为2.66亿t、2.08亿t,至2025年、2030年省内供给度分别回升到26%和34%的水平,省内自给程度逐步回升。

4.3　铁矿供给预测

以2012—2020年河北省省年产铁矿石量数据为基础数据,运用MATLAB进行BP神经网络预测,得到2021—2025年河北省年产铁矿石量如表4-14所示。

表4-14　2021—2025年河北省年产铁矿石量　　　　　　　　　　　　单位:万t

年份	2021	2022	2023	2024	2025
年产矿石量	14 486.83	14 470.74	14 474.80	14 480.15	14 481.57

将2012—2020年河北省年产铁矿石量基础数据与2021—2025年河北省年产铁矿石量预测数据汇总,制图得到2012—2025年河北省年产铁矿石量数据变化情况图如图4-4所示。

从图4-4可以看到,河北省年产铁矿石量在经历2012—2017年较为剧烈的震荡后,2017年后呈现出稳定下降的趋势,但是,相对而言,下降的幅度较小,预测"十四五"时期河北省年产铁矿石量大致于14 500万t上下浮动。按照河北省近年来铁矿石的平均品位,换算成铁精粉,2025年铁精矿产量约为5100万t,未达到河北省矿产资源总体规划的7000万t铁精矿规划预期指标值。

图 4-4　2012—2025 年河北省年产铁矿石量数据变化情况

4.4　铁矿可供性分析

4.4.1　铁矿资源赋存情况

根据河北省自然厅《河北省矿产资源年报（2021）》，河北省铁矿主要分布于唐山、承德、邯郸、张家口、秦皇岛五市，占铁矿矿产地总数的84.36%。铁矿大型矿产地21处，资源量66.78亿t，占铁矿资源量的70.30%；中型矿产地105处，资源量22.04亿t，占铁矿资源量的23.20%；小型矿产地296处，资源量6.17亿t，占铁矿资源量的6.50%。铁矿达到勘探矿产地51处，资源量21.21亿t，占铁矿资源量的22.33%；达到详查矿产地171处，资源量17.32亿t，占铁矿资源量的18.23%；达到普查矿产地200处，资源量56.47亿t，占铁矿资源量的59.44%。2021年，河北省铁矿利用矿产地318处，占铁矿矿产地的75.36%；资源量63.30亿t，占铁矿资源量的66.64%。

根据河北省自然资源厅《河北省矿产资源年报（2021）》公布的数据，2021年河北省铁矿资源量949 930.516万t（94.99亿t），比上年净减少10 939.638万t（1.10亿t），同比减少1.14%。变化原因：开采及损失量6 157.827万t（0.62亿t），勘查减少1 134.095万t（0.11亿t），重算减少3 647.716万t（0.36亿t）。

"十三五"期间河北省铁矿保有资源储量呈现稳定增长态势，2015年河北省铁矿保有资源储量为930 554.2万t，到2020年增长至960 870.2万t，增长了3.26%，2021年河北省铁矿保有资源储量略有下降，降至949 930.5万t，下降了1.14%。2015—2021年河北省铁矿石保有资源储量数据如表4-15所示。

表 4-15　2015—2021 年河北省铁矿石保有资源储量　　　　　　　　　　　　　　单位：万t

年份	2010	2011	2012	2013	2014	2015
保有资源储量	876 126.8	837 351.09	873 628.005	903 604.165	921 293.2	930 554.2
年份	2016	2017	2018	2019	2020	2021
保有资源储量	932 819.4	947 209.1	951 575.2	958 235.3	960 870.2	949 930.5

数据来源：河北省自然资源厅《河北省矿产资源年报（2010—2021）》。

2010—2021年,河北省铁矿石保有资源储量数据变化情况如图4-5所示。

图 4-5 2010—2021 年河北省铁矿石保有资源储量变化情况
数据来源:《河北省矿产资源年报(2010—2021)》

从图 4-5 可以看到,2015—2020 年,河北省铁矿石资源保有资源储量呈现出增长幅度不大,但增长态势较明显的走势,其中 2017 年增速最大为 1.54%。2021 年河北省铁矿石资源保有资源储量下降了 1.14%,比近几年的增速平均值略大。

4.4.2 铁矿开发利用情况

根据河北省自然资源厅公布的《2021 年度河北省矿产资源开发利用形势分析报告》中公布的数据,2021 年河北省有铁矿资源开发企业 532 个,占全省矿山企业总数的 34.61%。较 2020 年的 681 个减少了 149 个。其中,大型企业有 41 个、中型企业有 95 个、小型企业有 380 个和小矿 16 个。2021 年河北省铁矿企业年产铁矿石量 13 380.76 万 t,其中大型企业 10 432.35 万 t,占总量的 77.97%;工业总产值 3 842 303.74 万 t,其中大型企业工业产值 2 885 349.83 万 t,占总产值的 75.09%;矿产品销售收入总额 3 595 439.36 万元,其中大型企业矿产品销售收入 2 674 516.81 万元,占总销售收入的 74.39%;利润总额 1 246 263.52 万元,其中大型企业 1 086 242.87 万元,占总数的 87.16%。2021 年河北省铁矿山企业主要分布于承德、唐山和邯郸市,三市铁矿企业数量分别为 210 个、140 个、70 个,并占全省铁矿企业总量的 78.95%。此外,石家庄铁矿企业有 19 个,秦皇岛有 37 个,邢台有 20 个,保定有 10 个,张家口有 26 个。

2012—2021 年河北省年产铁矿石量呈现出递减的态势,从 2012 年的 21 425.75 万 t 下降至 2021 年的 13 380.76 万 t,下降了 31.93%。2012—2021 年河北省年产铁矿石量具体数据如表 4-16 所示。

表 4-16 2012—2021 年河北省年产铁矿石量   单位:万 t

年份	年产铁矿石量	年份	年产铁矿石量
2012	21 425.75	2017	15 159.46
2013	20 539.85	2018	15 230.43
2014	18 703.5	2019	14 907.72
2015	11 852.53	2020	14 585
2016	12 240.55	2021	13 380.76

2012—2021年河北省年产铁矿石量变化情况如图4-6所示。

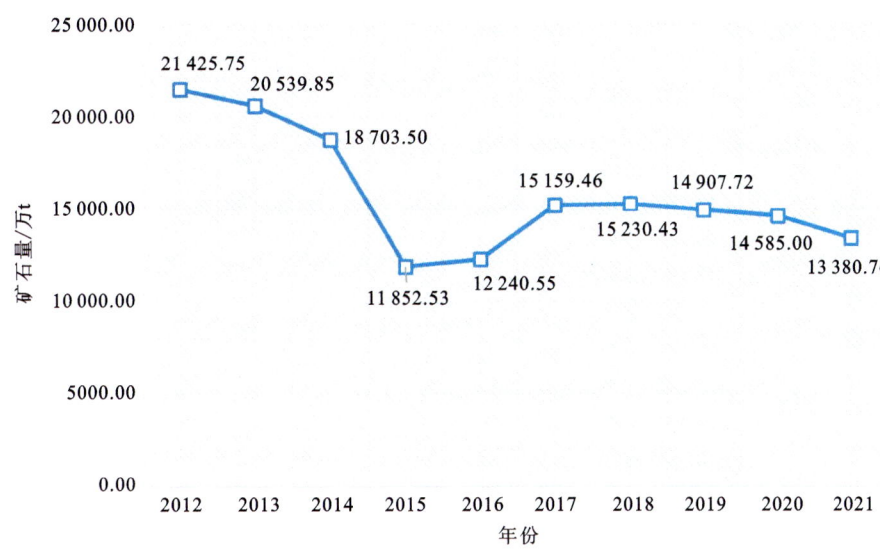

图4-6 2012—2021年河北省年产铁矿石量变化情况

4.4.3 铁矿石贸易情况

1. 中国铁矿贸易情况

中国是全球最大的铁矿石进口国。2020年,全球铁矿石进口国进口量在16亿t左右,其中中国进口量占比近七成,是世界上进口铁矿石最多的国家。从主要钢铁生产国的铁矿石进口占比情况来看,1990年,中国铁矿石进口量仅为1419万t,占全球铁矿石进口量比重为3.5%;日本和欧盟分别进口1.25亿t和1.4亿t,占比分别达到了31.2%和35.0%。之后由于中国长流程钢铁产量迅速增长,1996年产量超过日本成为全球最大的钢铁生产国,2003年超过日本成为全球最大的铁矿石进口国,进口铁矿石1.5亿t,占全球比重升至25.4%,超过日本2.7个百分点;2004年进口铁矿石2.1亿t,占全球比重进一步升至31.1%,超过欧盟5.0个百分点,成为全球最大的进口铁矿石经济体;至2020年,中国铁矿石进口量达到11.7亿t,占全球比重升至72.1%。

从澳大利亚对中国的出口结构看,金属矿出口额占澳大利亚向我国出口总额的超过六成。从长期来看,随着中国钢铁积蓄量不断增长,钢铁生产对铁矿石的需求,无论是进口量还是冶炼铁元素比重均呈下降趋势。但从中短期观察,我国对澳大利亚铁矿石依赖度高的局面还要持续一段时间。

2. 河北省铁矿石贸易情况

2012—2018年,河北省外购铁矿石量呈现出震荡的发展态势,尤其是2016年外购铁矿石量出现数值异点,当年外购铁矿石量7 603.54万t,同比增长了717倍,2017年外购铁矿石量恢复正常状况,2012—2018年外购铁矿石量数据如图4-7所示。

4.4.4 河北省铁矿资源储备情况

根据河北省战略性矿产储量年报表,河北省铁矿产地总数为422处,其中已利用矿产地318个,未

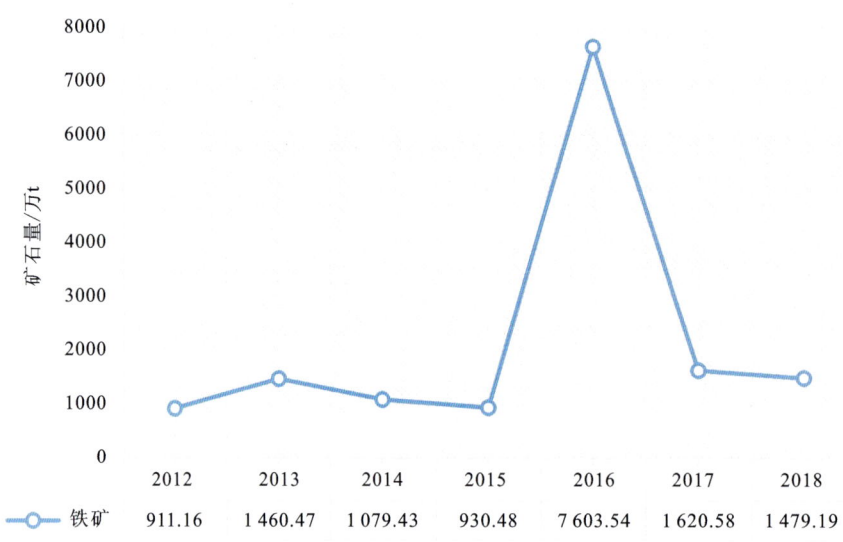

图 4-7 2012—2018 年河北省外购铁矿石量变化情况

利用矿产地 104 个,储备矿产地 51 个;河北省铁矿储备资源量为 415 200.69 万 t。河北省铁矿储量及储备矿产地具体数据如表 4-17 所示。

表 4-17 河北省铁矿储量与储备矿产地

数据来源	矿产地数/处	已利用矿产地/处	未利用矿产地/处	储备资源量/万 t
储量表	422	318	104	
储备情况	51	36	15	415 200.69

4.4.5 河北省铁矿可供性评价

根据前述预测,2025 年、2030 年河北省铁精矿的需求量分别为 2.66 亿 t、2.08 亿 t。在铁矿供给方面,按《河北省矿产资源总体规划(2021—2025 年)》的预期指标值,2025 年、2030 年均为 0.7 亿 t 铁精矿。为此,在 2025 年、2030 年省内铁矿石的自给程度分别为 26.32%、33.71%,省内自给程度相对于 2021 年 15% 左右的水平逐步回升。

2014—2021 年及回归预测得到的河北省铁矿需求量、省内精矿产量及省内自给度数据变化如图 4-8 所示。

从图 4-8 可以看到,2020 年后省内铁矿自给度有所改善,如果 2025 年和 2030 年河北省能够实现《河北省矿产资源总体规划(2021—2025 年)》中所规划的预期 7000 万 t 铁精矿指标值,那么河北省铁精矿自给度将有大幅度的提升。

据统计,2021 年河北省铁矿企业设计达 3 亿 t/a,实际采矿能力为 1.6 亿 t/a。2021 年铁矿石产量为 1.338 亿 t,折算(按 35.2% 的品位进行保守折算)铁精矿约为 0.47 亿 t,尚未达到《河北省矿产资源总体规划(2021—2025 年)》0.7 亿 t 铁精矿的预期指标值,仍具备扩能的空间。

第4章 铁矿供需形势及供应安全评价

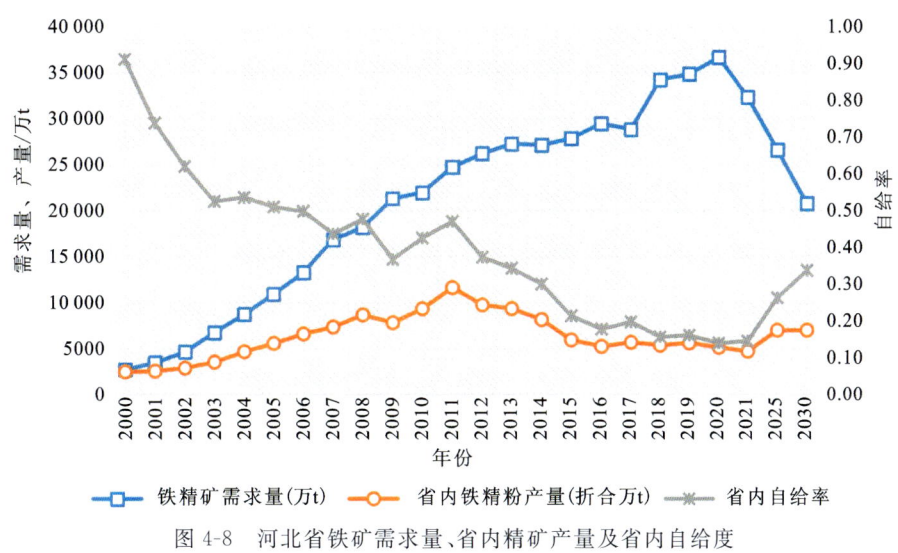

图 4-8 河北省铁矿需求量、省内精矿产量及省内自给度

4.5 河北省铁矿供应安全评价

4.5.1 铁矿安全评价指标体系

参考 PSR 在矿产资源安全评价中的应用,借鉴严筱等(2016)对矿产资源安全评价时所设立的评价指标体系,并根据河北省相关数据的可获取性对指标进行部分替换,构建出基于 PSR 模型的河北省铁矿资源安全评价指标体系如表 4-18 所示。

表 4-18 河北省铁矿资源安全评价指标体系

	指标	内涵	方向
压力 P	GDP	年度 GDP/亿元	逆
	人口	年末人口数/万人	逆
	城市化率	城镇人口占总人口比例/%	逆
	废水	废水排放总量/万 t	逆
	烟(粉)尘	烟(粉)尘排放量/万 t	逆
	进口集中度	矿产资源当年主要进口来源国的前五国占比合计	逆
状态 S	供求缺口	供给−需求	逆
	储量	保有资源储量/万 t	正
	对外依存度	对外依存度	逆
	技术进步	财政科技公共预算支出/亿元	正
	利润总额	利润总额	正
	设计采矿能力	设计采矿能力	正

续表 4-18

指标		内涵	方向
响应 R	开发矿山数	开发矿山数/座	正
	从业人数	从业人数/人	正
	环境治理	生态保护和环境治理业固定资产投资增长/万元	正
	R&D 经费	黑色金属选业 R&D 经费/万元	正

4.5.2 铁矿安全评价结果

应用熵权法确定指标权重,并借鉴严筱等(2016)对 PSR 的权重值,即

$$W_{U_P} = 0.240\ 2, W_{U_S} = 0.549\ 9, W_{U_R} = 0.209\ 8$$

根据式(3-2)～式(3-10)可以得到河北省 2012—2020 年铁矿资源压力-状态-响应综合得分(表 4-19)和铁矿资源安全变化情况(图 4-9)。

表 4-19　2012—2020 年河北省铁矿资源压力-状态-响应综合得分

年份	2012	2013	2014	2015	2016	2017	2018	2019	2020
P	0.216 5	0.196 3	0.150 9	0.126 4	0.138 9	0.158 1	0.150 6	0.207 8	0.185 2
S	0.172 2	0.146 7	0.164 0	0.117 4	0.115 6	0.169 3	0.157 7	0.158 6	0.103 6
R	0.124 7	0.132 0	0.117 3	0.091 7	0.083 4	0.058 3	0.131 1	0.095 3	0.126 8
综合	0.172 8	0.155 5	0.151 0	0.114 1	0.114 4	0.143 3	0.150 4	0.157 1	0.128 1

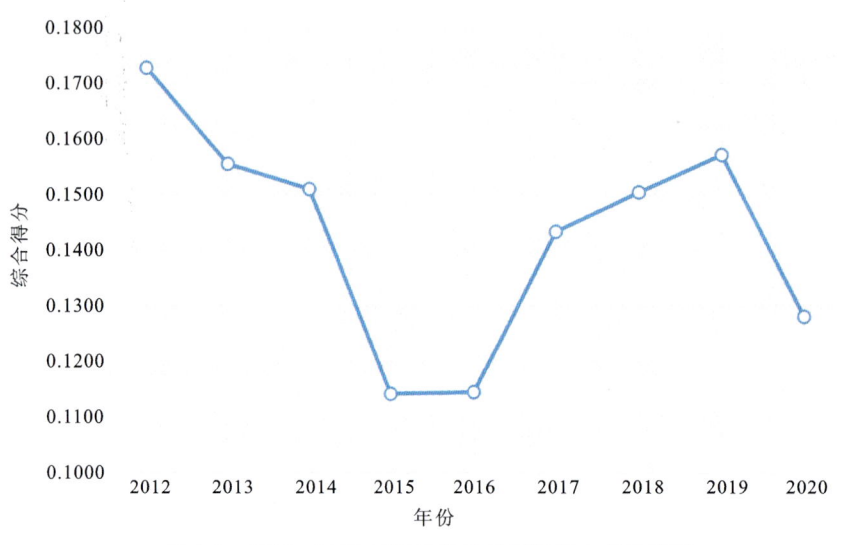

图 4-9　2012—2020 年河北省铁矿资源安全变化情况

从图 4-9 可以看到,2012—2020 年间河北省铁矿资源安全呈现出震荡式的发展态势:2012—2015 年间河北省铁矿资源安全呈现不断严重的态势;2016—2019 年间河北省铁矿资源安全状况不断提升,但是,整体仍低于 2012 年的安全水平;2020 年河北省铁矿资源安全状况又有所下滑。

4.5.3 铁矿安全未来预测

以 2012—2020 年河北省铁矿安全 PSR 模型的综合得分为基础数据,运用 MATLAB 对河北省铁矿安全未来形势做简单的 BP 神经网络预测,预测结果如图 4-10 所示。

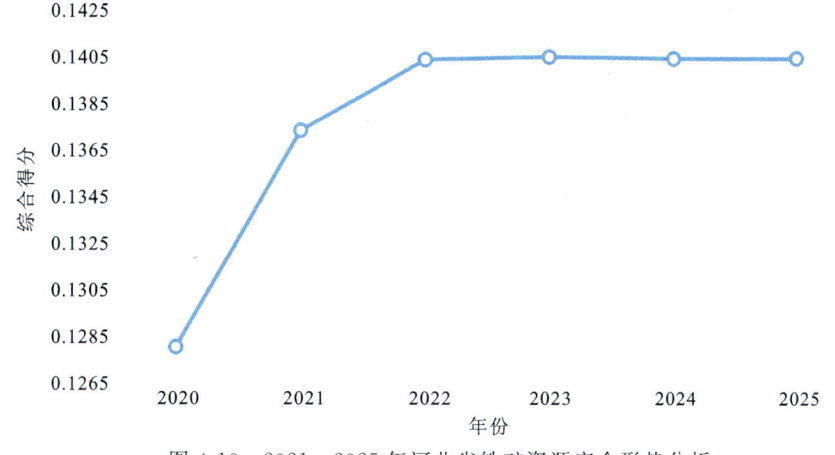

图 4-10　2021—2025 年河北省铁矿资源安全形势分析

从图 4-10 可以看到,预测河北省铁矿资源安全形势在经历了 2020 年的突然下降之后,2021—2022 年安全综合评价值有比较明显的提升趋势,2023—2025 年数值变化相对较小。从数值维度来看,2021—2025 年,河北省铁矿资源安全数值接近于 2014 年的水平。

河北省在"十三五"时期压减退出炼钢产能 8212 万 t,但是,河北省的钢铁大省身份仍不可动摇,因而,铁矿资源的安全成为河北省经济、产业、社会发展的重要内容。就河北省而言,内挖潜力、外控市场是保障铁矿资源安全的重要策略。考虑到铁矿资源进口的巨大比重,稳定、拓展外部市场是维护铁矿资源安全的必然选择,在努力维持现有市场的基础上,适度探寻新的合作对象、合作模式、合作机遇是保障铁矿资源安全的重要选择。

第5章 金矿供需形势及供应安全评价

5.1 金矿供需态势

5.1.1 全球金矿供需态势

1. 全球金矿资源储量

根据美国地质调查局公布的数据,2021年全球黄金资源储量5.4万t,较2020年增长了0.1万t,同比增长1.89%;2010—2021年间,全球黄金储量维持在5.0万~6.0万t区间内,最大值为2016年的5.7万t,最小值为2019年的5.0万t,2016年之前全球黄金储量呈现稳定增长的态势,2016年之后全球黄金储量稳定中略有震荡。2010—2021年全球金矿资源储量如图5-1所示。

图 5-1　2010—2021年全球金矿资源储量

[资料来源:Mineral Commodity Summaries(2011—2022)]

全球金矿资源分布非常广泛,遍布六大洲,但分布不均匀。从地理空间上来看,主要分布于美洲、大洋洲和非洲,而金矿资源的消耗主要集中在亚洲和欧洲。从国别上来看,2021年澳大利亚金矿储量1.1万t,占全球金矿总储量的20.37%,位列第一;俄罗斯2021年金矿储量为0.68万t位列第二,占全球金矿总储量的12.59%;南非2021年金矿储量为0.50万t,位列第三,占全球金矿总储量的9.26%。2021年全球金矿储量分布如图5-2所示。

第 5 章 金矿供需形势及供应安全评价

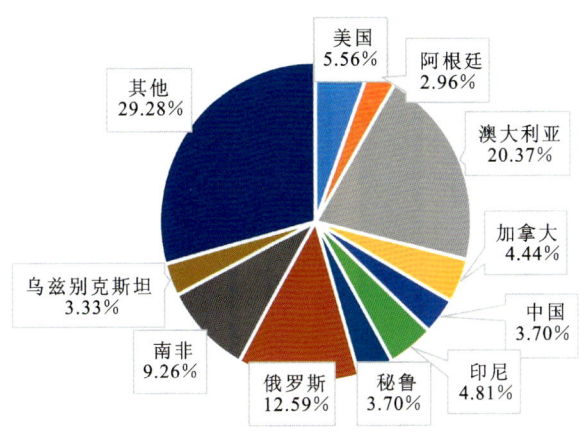

图 5-2 2021 年全球金矿储量分布

[资料来源：Mineral Commodity Summaries(2011—2022)]

2. 全球黄金生产状况

2008—2018 年是全球黄金生产稳步增长的时期，至 2019 年和 2020 年全球黄金生产量则呈现逐步下滑的走势。以 2013—2020 年的数据为例，2013 年全球黄金产量为 2 957.4t，增长到 2018 年的 3 298.2t，5 年间增长了 11.52%，2019 年和 2020 年全球黄金产量为 3 258.7t、3 077.7t，分别下降了 1.2% 和 5.6%。从增长速度上来看，2013—2020 年间，全球黄金产量增速除 2017 年之外均保持下降走势，因此，可以认为在 2013—2020 年间全球黄金生产增速持续放缓。2013—2020 年全球黄金产量及增速如图 5-3 所示。

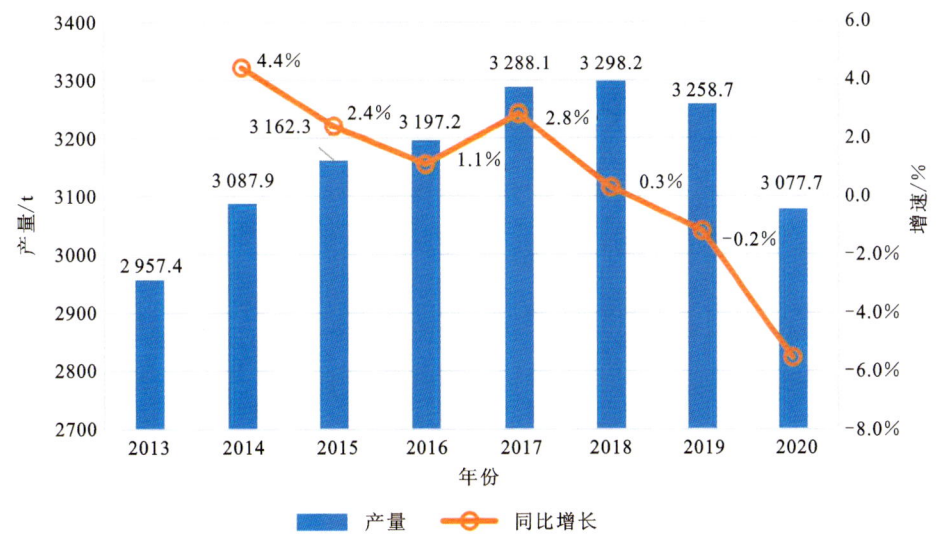

图 5-3 2013—2020 年全球黄金产量及增速

[资料来源：World Metal Statistics Yearbook(2013—2021)]

3. 全球黄金消费状况

根据世界黄金协会公布的数据，2014—2020 年全球黄金消费量呈现震荡的发展态势，其中，2014—2019 年间呈现小幅度升降，2020 年受新冠肺炎疫情影响，全球黄金消费下降了 14.29%。2014—2020 年全球黄金消费量及变化情况如图 5-4 所示。

图 5-4　2014—2020 年全球黄金消费量
（资料来源：世界黄金协会）

4. 全球主要国家黄金储备情况

根据世界黄金协会公布的数据，2020 年全球官方黄金储备，美国位列第一，黄金储备量为 8 133.5t，外汇储备量占比为 78.7%；德国位列第二位，黄金储备量为 3 362.5t，外汇储备量占比为 76.1%；意大利位列第三位，黄金储备量为 2 451.8t，外汇储备量占比为 70.7%；法国位列第四位，黄金储备量为 2 436.2t，外汇储备量占比为 66.0%；俄罗斯位列第五位，黄金储备量为 2 298.5t，外汇储备量占比为 23.4%；中国位列第六位，黄金储备量为 2 020.2t，外汇储备量占比为 4.1%；瑞士位列第七位，黄金储备量为 1 040.0t，外汇储备量占比为 5.8%。

5. 全球黄金供需情况

从世界维度来看，2010 年全球黄金矿山产量为 2 754.5t，回收黄金 1 671.1t，LBMA（伦敦金银市场协会）黄金价格为 1 224.5 美元/盎司；2015 年全球黄金矿山产量为 3 364.3t，回收黄金 1 066.8t，LBMA 黄金价格下降为 11 160.1 美元/盎司；2020 年全球黄金矿山产量为 3 475.9t，回收黄金 1 293.0t，LBMA 黄金价格增长为 1 769.6 美元/盎司；2021 年全球黄金矿山产量增长为 3 582.2t，回收黄金 1 136.1t，LBMA 黄金价格为 1 798.6 美元/盎司。2010—2021 年全球黄金供应情况如图 5-5 所示。

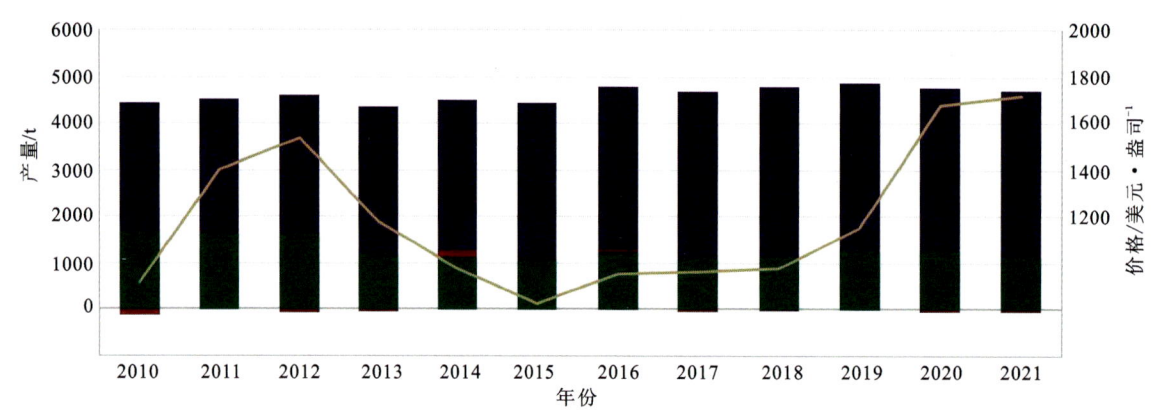

图 5-5　2010—2021 年全球黄金供应情况

［资料来源：世界黄金协会，https://www.gold.org/goldhub/data/gold-demand-by-country（紫色柱为矿山黄金产量，绿色柱为回收黄金量，棕色柱为净生产者对冲黄金量，折线为历年黄金价格变化）］

第 5 章　金矿供需形势及供应安全评价

需求维度,2010 年珠宝制造需求黄金量为 2 044.9t,技术需求黄金量为 460.7t,投资需求黄金量为 1 586.4t,各国中央银行需求黄金总量为 79.2t,合计黄金总需求量为 4 171.2t;2015 年珠宝制造需求黄金量为 2 479.2t,技术需求黄金量为 331.7t,投资需求黄金量为 978.0t,各国中央银行需求黄金总量为 579.6t,合计黄金总需求量为 4 368.5t;2020 年珠宝制造需求黄金量为 1 324.4t,技术需求黄金量为 302.8t,投资需求黄金量为 1 769.2t,各国中央银行需求黄金总量为 255t,合计黄金总需求量为 3 651.4t;2021 年珠宝制造需求黄金量为 2 229.5t,技术需求黄金量为 330.2t,投资需求黄金量为 1 007.4t,各国中央银行需求黄金总量为 453.8t,合计黄金总需求量为 4 020.9t。2010—2021 年全球黄金需求量变化情况如图 5-6 所示。

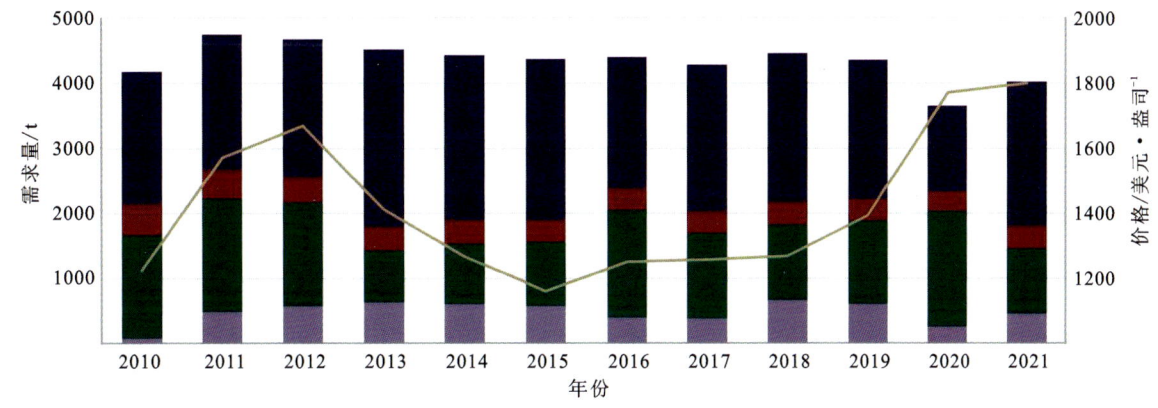

图 5-6　2010—2021 年全球黄金需求情况

[资料来源:世界黄金协会(紫色柱为珠宝制造黄金需求量,棕色柱为技术需求黄金量,绿色柱为投资需求黄金量,灰色柱为中央银行需求黄金量,折线为黄金价格变化)]

整体上看,全球黄金供应相对稳定,需求量在 2020 年产生了较大的下降,2021 年全球黄金需求量开始反弹,未来黄金需求量应当会保持持续反弹的趋势。

5.1.2　中国黄金供需态势

1. 中国黄金资源量

根据中国黄金协会发布的《中国黄金年鉴 2021》,近年来我国黄金资源量逐年稳定增长。按照新资源储量分类标准,截至 2020 年底,全国黄金资源量为 14 727.16t,已实现连续 15 年增长。2015—2020 年我国黄金资源量及增长状况如图 5-7 所示。

我国已探明金矿资源以岩金为主,小型矿床多,开采技术复杂。2020 年合金矿资源分布较多的地区主要有山东(28.6%)、甘肃(7.8%)、内蒙古(6.0%)、云南(5.6%)、河南(5.4%)。2020 年我国金矿资源量地区分布如图 5-8 所示。

2. 中国黄金生产状况

根据中国黄金协会公布的数据,2021 年,我国黄金产量持续了 2020 年的下降走势,全年黄金产量为 328.98t,较 2020 年下降了 9.95%。2010—2021 年间,我国黄金产量呈现出类似抛物线式的发展态势。2010—2016 年间除去 2015 年有短暂而轻微的下降外,整体上保持了稳定的增长态势,2010 年我国黄金产量为 340.90t,到 2016 年增长到了 453.48t,增长了 33.02%;2016 年之后,我国黄金产量呈现出逐年下降的态势,从 2016 年的 453.48t 到 2021 年的 328.98t,降幅达到了 27.45%,2016—2021 年间我国黄金产量的平均降幅为 6.19%。2010—2020 年全球黄金产量及增速如图 5-9 所示。

图 5-7　2015—2020 年我国黄金资源量及增长状况

(资料来源:《中国黄金年鉴 2021》)

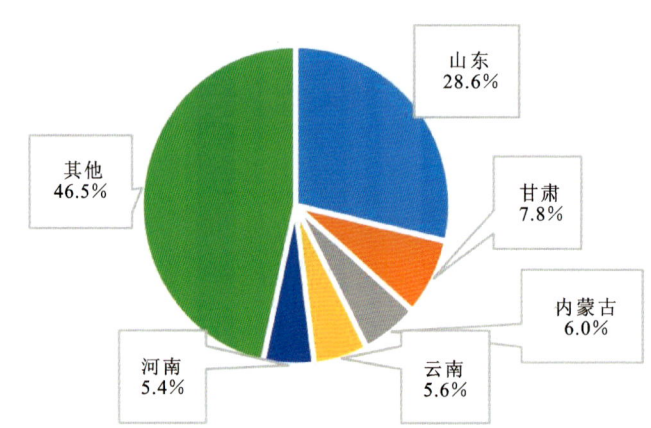

图 5-8　2020 年我国金矿资源量地区分布(据苏轶娜等,2021)

图 5-9　2010—2020 年中国黄金产量及增速

(资料来源:中国黄金协会)

2016 年以来,我国黄金地勘投入几乎是逐年大幅下滑,黄金找矿工作不足。自然资源部发布的《2020 年全国地质勘查成果通报》数据显示,2020 年,我国黄金勘查投入 10.45 亿元,同比下降了 10.8%,黄金地勘投入资金创 2006 年以来新低。虽然近年来我国黄金资源量稳定增长,但是由于勘查成果相对于勘查投入滞后,从长期看,将会使我国黄金资源量的增长明显缺乏后劲。

第5章 金矿供需形势及供应安全评价

3. 中国黄金消费状况

2013年，中国超过印度成为全球黄金第一消费国，成为当今全球增长最快的黄金市场。根据中国黄金协会公布的数据，2016—2018年间，中国黄金消费量保持增长态势，从2016年的995.40t增长到了2018年的1 151.43t，增长了15.67%，2019年和2020年中国黄金消费量呈现下滑趋势，2019年黄金消费量为1 002.78t，同比下降12.91%，2020年中国黄金消费量为820.98t，同比下降18.13%；2021年，中国黄金消费量1 120.90t，同比增长了36.53%，较疫情前2019年同期增长了11.78%。2016—2021年中国黄金消费量及变化情况如图5-10所示。

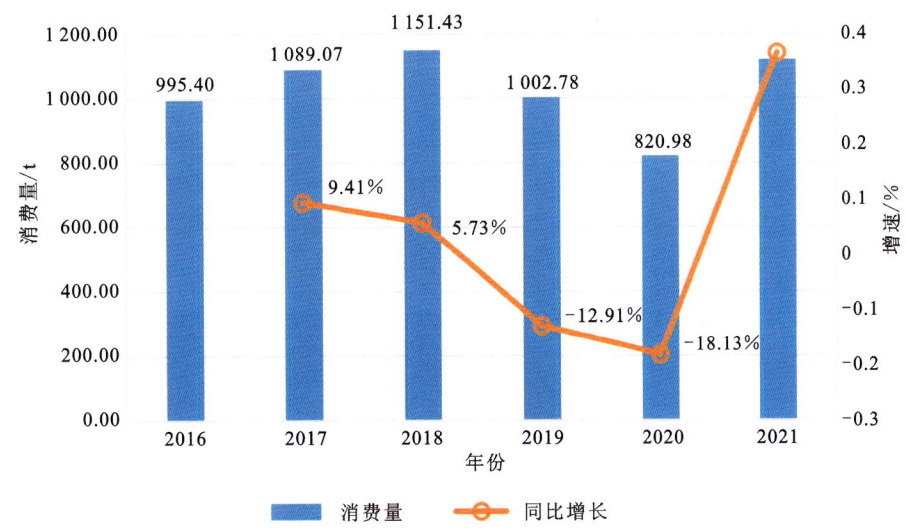

图5-10　2016—2021年中国黄金消费量及变化情况

（资料来源：中国黄金协会）

根据中国黄金协会公布的数据，2017年全国黄金消费的63.95%为黄金首饰，为696.50t，27.77%为金条及金币的消费，为302.39t，8.28%为工业及其他消费，为90.18t；2021年黄金首饰、金条及金币、工业及其他的消费占比分别为63.46%、27.91%、8.63%。2017—2021年中国黄金消费分布如图5-11所示。

图5-11　2016—2021年中国黄金消费分布

（资料来源：中国黄金协会）

4. 我国黄金供需情况

我国金矿已探明储量自2014年以来保持着持续的增长态势，2020年中国金矿已探明储量为

· 75 ·

14 727.16t；受金矿开采难度加大等因素影响，我国黄金产量呈现下降趋势，值得注意的是，每年我国花在金矿勘查上的花费排在所有金属矿物的第一位，然而总体收效甚微。消费维度，得益于人民经济水平的整体提升，2015—2018年我国黄金消费量呈现快速上升的态势，2019年我国黄金消费有所下降，2020年受黄金价格快速上涨影响，我国黄金消费量大幅度下降。

根据中国黄金协会公布的数据，2020年，国内原料黄金产量为365.34t，同比下降3.91%，2020年，全国黄金实际消费量820.98t，与2019年同期相比下降18.13%[1]；2021年国内原料黄金产量为328.98t，比2020年减产36.36t，同比下降9.95%，2021年进口原料产金114.58t，同比上升0.37%，若加上这部分进口原料产金，全国共生产黄金443.56t，同比下降7.50%。黄金消费维度，2021年我国黄金消费量为1 120.90t，与2020年同期相比增长了36.53%[2]。

5.1.3　河北省黄金供需态势

河北省金矿资源以岩金和伴生金为主，岩金品位变化于1.42～27.52g/t之间。矿床工业类型主要有石英脉型、破碎带蚀变岩型，其次有斑岩型、次火山热液型金矿床。

河北省虽是全国重点产金省之一，伴随品位高、埋藏浅、易采的金矿资源量减少，后备资源不足的现象日益突显。可喜的是，2019年河北省地质勘查找矿发现新增金资源储量3.89t。河北省金矿资源储量很大，近几年找矿成果表明，只要加大地质勘查投入，加大找矿力度，就能发现新资源和增加储量，增大省内资源供给与维持河北省矿业经济的可持续发展。

河北省金矿资源比较丰富，找矿潜力比较大。"十四五"期间，应加大找矿力度，力争金矿资源储量能够有较大提高。建议具备资源条件的矿山通过扩界增加金矿产量，新发现的金矿矿产地具备条件的，及时审批采矿权，使河北省金矿产量能上一个新台阶。

5.2　金矿需求分析

作为一种贵金属，需求理论上无限大，在一个省域内无须考虑需求，参考全球和全国需求。从地区来看，只从经济上或开采成本上考虑金矿石的可利用情况。

黄金不仅是一种重要的工业原料，在电子、化工、首饰等众多领域，有重要用途，而且作为货币市场的硬通货被各国作为战略储备，此外，黄金在航空、航天方面也具有特殊而不可替代的用途。最近几年美国不断恶化的国际收支，使美国被迫不断实行宽松货币政策，导致美元贬值，因而黄金又称为保值的工具。从最近连续数年的金价走向来看，也印证了这一点。因此，黄金在可预见的未来，都是供不应求的。

5.3　金矿供给预测

2007—2013年，河北省金矿年产矿石量整体呈现出上升的趋势，自2007年的181.38万t上升到2013年的534.51万t，上升了194.69%；2013年以后，河北省金矿年产矿石量呈现出下降的走势，自

---

[1] 2020年我国黄金产量365.34t，黄金消费量820.98t，同比分别下降3.91%和18.13%[EB/OL]. http://www.cngold.org.cn/news/show—1570.html.

[2] 中国黄金协会.2021年我国黄金产量328.98t，同比下降9.95%，黄金消费量1 120.90t，同比增长36.53%[EB/OL]. http://www.cngold.org.cn/news/show—1070.html.

第5章 金矿供需形势及供应安全评价

2013年的534.51万t下降至2021年的173.47万t。2007—2021年河北省金矿年产矿石量数据如表5-1所示。

表5-1 2012—2021年河北省金矿年产矿石量 单位:万t

年份	2007	2008	2009	2010	2011
产量	181.38	200.99	243.66	206.93	346.15
年份	2012	2013	2014	2015	2016
产量	411.69	534.51	461.31	345.45	332.70
年份	2017	2018	2019	2020	2021
产量	277.40	243.96	224.01	157.45	173.47

应用BP神经网络模型对河北省金矿年产矿石量进行预测,得到2022—2025年河北省金矿年产矿石量如表5-2所示。

表5-2 2022—2025年河北省金矿年产矿石量预测 单位:万t

年份	2022	2023	2024	2025
年产矿石量	143.34	139.66	136.30	129.72

汇总2007—2021年河北省金矿年产矿石量实际数据与2022—2025年河北省金矿年产矿石量预测数据制图,得到2007—2025年河北省金矿年产矿石量变化情况图如图5-12所示。可以看到,自2013年起河北省金矿年产矿石量呈现出明显的下降趋势,预测在"十四五"时期,这种下降趋势仍将持续。

图5-12 2007—2025年河北省金矿年产矿石量变化情况

按已利用矿产地的保有资源储量加权,计算出全省已利用金矿产地的平均品位,为5.003 443g/t。测算得到2021—2025年河北省黄金产量如表5-3所示。

表5-3 2022—2025年河北省黄金产量预测 单位:t

年份	2022	2023	2024	2025
黄金产量	7.17	6.99	6.82	6.49

预测2022—2025年河北省金金属产量在6.49~8.15t之间。

5.4 金矿可供性分析

5.4.1 金矿资源赋存情况

根据《河北省矿产资源年报(2021)》,河北省金矿主要分布于承德、张家口、秦皇岛、保定、唐山五市,占金矿矿产地总数的98.53%。金矿大型矿产地10处,资源量183.36t,占金资源量的60.16%;中型矿产地14处,资源量37.04t,占金资源量的12.15%;小型矿产地112处,资源量84.40t,占金资源量的27.69%。金矿达到勘探矿产地16处,资源量98.10t,占金资源量的32.19%;达到详查矿产地44处,资源量125.93t,占金资源量的41.31%;达到普查矿产地76处,资源量80.77t,占金资源量的26.50%。2021年,河北省金矿利用矿产地113处,占金矿矿产地的83.09%;资源量272.79t,占金矿资源量的89.50%。

根据《河北省矿产资源年报(2021)》公布的数据,2021年河北省金矿资源量304 797.29kg(304.80t),比上年净增加14 283.33kg(14.28t),同比增加4.92%。变化原因:开采及损失量4 692.14kg(4.69t),勘查增加13 717.99kg(13.72t),重算增加5 257.48kg(5.26t)。2015年以来河北省金矿保有资源储量呈现出稳定增长的态势,从2015年的239 554.3kg增长到2021年的304 797.3kg,增长了27.24%,年均增长率为4.10%。2015—2021年河北省金矿保有资源储量数据如表5-4所示,2015—2021年河北省金矿保有资源储量数据变化情况如图5-13所示。

表5-4 2015—2021年河北省金矿保有资源储量　　　　　　　　　单位:kg

年份	2015	2016	2017	2018	2019	2020	2021
保有资源储量	239 554.3	244 078.3	261 336.2	269 112.9	275 137.6	290 514	304 797.3

数据来源:《河北省矿产资源年报(2015—2021)》。

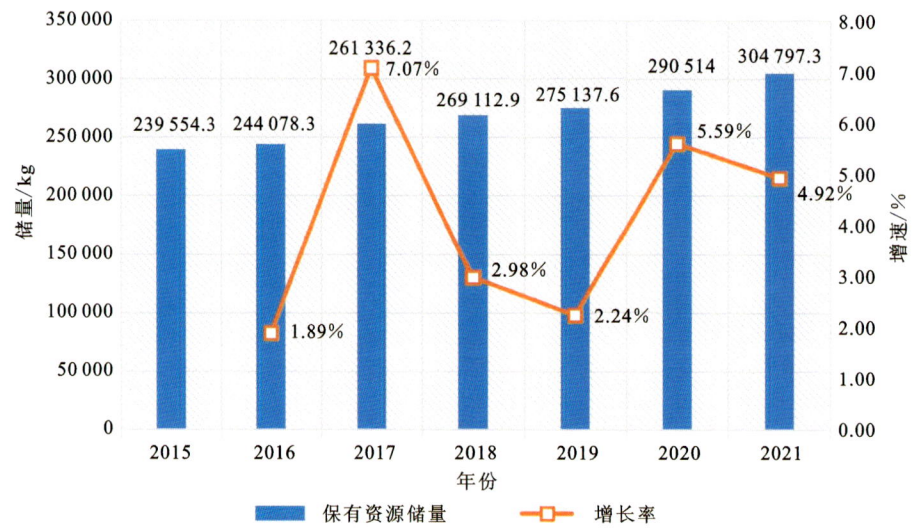

图5-13 2015—2021年河北省金矿保有资源储量变化情况

5.4.2 金矿开发利用情况

根据河北省自然资源厅公布的《2021年度河北省矿产资源开发利用形势分析报告》中的数据,2021年全省有金矿资源开发企业116个,占全省矿山企业总数的7.68%。较2020年的134个减少了18个。其中,大型4个、中型5个、小型105个、小矿2个。2021年,河北省金矿企业年产矿石量173.47万t,其中大型企业年产矿石量130.81万t,占总产量的75.41%;金矿企业工业总产值193 295.82万元,其中大型企业82 211.82万元,占总产值的42.53%;全省金矿产品销售收入188 319.10万元,其中大型企业销售收入78 568.39万元,占总销售收入的41.72%;金矿企业利润总额11 838.81万元,其中,大型企业利润总额为-10 318.71万元,小型企业利润总额为-715.35万元,中型企业利润总额为22 870.86万元。2021年河北省金矿资源开采企业主要分布于承德、张家口、保定、秦皇岛、唐山、石家庄6个市域范围,承德市金矿企业数量占主导地位,有90个,占全省金矿企业总数的77.59%。其他市金矿企业分别为张家口9个、保定3个、秦皇岛2个、唐山3个、石家庄9个。

河北省金矿年产矿石量自2007年的181.38万t上升到2013年的534.51万t,上升了194.69%,整体呈现出上升的趋势;2013—2020年,河北省金矿年产矿石量呈现出下降的态势,自2013年的534.51万t下降至2020年的157.45万t;2021年河北省金矿矿石开采量略有上涨,为173.47万t。2007—2021年河北省金矿年产矿石量如图5-14所示。

图5-14 2007—2021年河北省金矿年产矿石量

5.4.3 金矿贸易情况

1. 中国黄金贸易情况

2014年以来,中国成为全球最大的黄金进口国。根据中国海关的统计数据(表5-5),2020年中国进口黄金制品等总计229.87t,较2019年下降了775t,同比下降了77.1%。虽然进口量大幅下降,但2020年对外储存度依然高达55%。我国进口黄金主要以非货币用其他未锻造金为主,2020年我国进口非货币用其他未锻造金202.80t,同比下降了78.2%,进口金额757.4亿元,同比下降了73.2%。出口产品以其他黄金制首饰及其零件为主,2020年出口以其他黄金制首饰及其零件53.66t,同比下降63.3%,出口金额187.54亿元,同比下降57.7%。中国海关统计的2017—2020年我国黄金制首饰及其零件进出口数据如表5-5所示。

表5-5 2017—2020年我国黄金制首饰及其零件进出口情况

名称	2017年		2018年		2019年		2020年	
	数量/t	金额/亿元	数量/t	金额/亿元	数量/t	金额/亿元	数量/t	金额/亿元
进口								
金粉	0.018	0.056	0.033	0.099	0.040	0.132	0.098	0.407
非货币用其他未锻造的金	1 198.8	3 306.6	1 427.0	3 859.1	928.5	2 821.9	202.8	757.4
非货币用其他半制的金	63.12	179.26	78.96	213.98	61.51	195.20	9.70	33.89
镶嵌钻石的黄金制首饰及其零件	1.34	14.25	1.74	24.65	2.90	45.06	4.23	85.29
其他黄金制首饰及其零件	8.76	22.21	7.99	21.26	11.97	32.48	13.04	47.78
出口								
非货币用其他未锻造的金	7.78	21.30	16.97	47.25	20.05	62.48	58.22	226.49
非货币用其他半制的金	3.79	10.34	1.76	4.99	1.72	5.37	5.01	19.16
镶嵌钻石的黄金制首饰及其零件	31.38	316.04	33.42	358.18	31.91	362.46	19.24	255.22
其他黄金制首饰及其零件	128.53	354.08	161.25	448.40	146.24	443.23	53.66	187.54

资料来源:中国海关。

我国黄金主要出口地区为中国香港、美国、新加坡等地,主要进口地为意大利、瑞士、中国香港、美国等国家和地区。2020年,我国黄金市场交易总量约9.55万t,交易规模排在美国和英国之后,居全球第三位,占全球黄金市场总交易量的比重为13.72%,比2019年提升0.52个百分点。2020年,我国黄金市场三大交易平台黄金交易总量继续上升。上海黄金交易所黄金交易量在连续七年增长后首次下降,上海期货交易所和商业银行黄金交易量继续保持增长。

2. 河北省黄金贸易情况

根据中国海关的数据,2015—2020年,河北省金化合物(商品编码:28433000)、含金或金化合物的废碎料,主要用于回收金的(商品编码:71129120)、镶嵌钻石的黄金制首饰及其零件(商品编码:71131911)、其他黄金制首饰及其零件(商品编码:71131919)的进出口数据为0;而在2021年河北省其他黄金制首饰及其零件(商品编码:71131919)出口45 950g,出口金额6 640.67万元,进口23 614g,进口金额678.50万元。

第5章 金矿供需形势及供应安全评价

5.4.4 金矿资源储备情况

根据河北省战略性矿产储量年报表,河北省铁矿产地总数为136个,其中已利用矿产地113个,未利用矿产地23个,储备矿产地7个;河北省金矿储备资源量为89 997.54kg。河北省金矿储量与储备矿产地具体数据如表5-6所示。

表5-6 河北省金矿储量与储备矿产地

数据来源	矿产地数/个	已利用矿产地/个	未利用矿产地/个	储备资源量(金)/kg
储量表	136	113	23	
储备情况	7	5	2	89 997.54

5.4.5 金矿可供性评价

应用BP神经网络预测得出的未来河北省金矿年产矿石量呈现出下降态势,通过平均品位加权后,2021—2025年河北省金(金属)产量在6.49~8.15t范围。据统计,2021年河北省金矿设计采矿能力约460万t/a,而实际采矿能力约160万t/a,通过释放产能,还有进一步提升供给能力的空间。

5.5 金矿供应安全分析

5.5.1 我国黄金资源SWOT分析

从储量、产量、消费量、贸易、供需等多个维度,全球和中国两个视角对黄金资源进行SWOT分析如图5-15所示。

鉴于上述对我国黄金资源全方位的SWOT分析,可以看出我国黄金资源目前的状态和所面临的情况,据此可从优势、劣势、机会、威胁4个方面分别着手,做到充分发挥优势、尽量回避劣势、正确把握机会、争取克服威胁,为我国黄金资源的供需平衡作出下一步规划。

5.5.2 安全分析

整体上来看,我国黄金资源存在的主要问题包括:

第一,我国黄金资源禀赋差,大型金矿床少、中小型较多,平均品位低,难选冶资源约占1/3等特征和现状,决定了我国黄金资源保障力度不充分的现实。

第二,黄金勘查投入的降低容易导致我国黄金资源量的增长缺乏后劲。

第三,我国黄金需求缺口有进一步扩大的趋势。

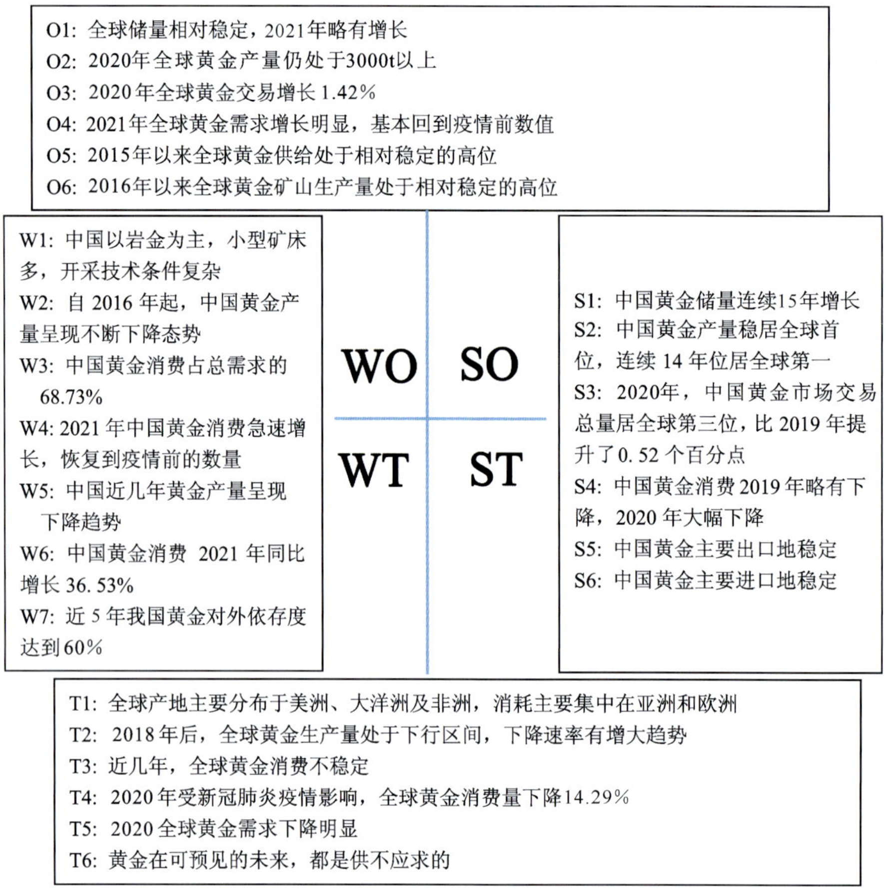

```
┌─────────────────────────────────────────────────────────────┐
│ O1: 全球储量相对稳定,2021年略有增长                          │
│ O2: 2020年全球黄金产量仍处于3000t以上                        │
│ O3: 2020年全球黄金交易增长1.42%                              │
│ O4: 2021年全球黄金需求增长明显,基本回到疫情前数值            │
│ O5: 2015年以来全球黄金供给处于相对稳定的高位                 │
│ O6: 2016年以来全球黄金矿山生产量处于相对稳定的高位           │
└─────────────────────────────────────────────────────────────┘
```

W1: 中国以岩金为主,小型矿床多,开采技术条件复杂		S1: 中国黄金储量连续15年增长
W2: 自2016年起,中国黄金产量呈现不断下降态势	**WO** | **SO**	S2: 中国黄金产量稳居全球首位,连续14年位居全球第一
W3: 中国黄金消费占总需求的68.73%	————————	S3: 2020年,中国黄金市场交易总量居全球第三位,比2019年提升了0.52个百分点
W4: 2021年中国黄金消费急速增长,恢复到疫情前的数量	**WT** | **ST**	S4: 中国黄金消费2019年略有下降,2020年大幅下降
W5: 中国近几年黄金产量呈现下降趋势		S5: 中国黄金主要出口地稳定
W6: 中国黄金消费 2021年同比增长 36.53%		S6: 中国黄金主要进口地稳定
W7: 近5年我国黄金对外依存度达到60%		

```
┌─────────────────────────────────────────────────────────────┐
│ T1: 全球产地主要分布于美洲、大洋洲及非洲,消耗主要集中在亚洲和欧洲 │
│ T2: 2018年后,全球黄金生产量处于下行区间,下降速率有增大趋势    │
│ T3: 近几年,全球黄金消费不稳定                                │
│ T4: 2020年受新冠肺炎疫情影响,全球黄金消费量下降14.29%         │
│ T5: 2020全球黄金需求下降明显                                 │
│ T6: 黄金在可预见的未来,都是供不应求的                        │
└─────────────────────────────────────────────────────────────┘
```

图 5-15 我国黄金资源 SWOT 分析

5.5.3 黄金资源安全策略

黄金是一种重要的全球性战略矿产资源,为国家金融和经济安全提供了重要的支撑,不仅在满足人民对美好生活需求,推进电子信息、航空航天等产业发展方面具有重要作用,而且是抵御金融风险的重要手段之一。

为此,要从国家整体战略高度考虑省域在黄金勘查找矿及开发利用方面的战略地位。进一步明确黄金的战略地位,有计划地增加黄金储备;加大资金投入、加强探矿增储;以地质资源整合促进黄金产业实现高质量发展,加强资源整合,发挥大中型黄金企业自身优势和辐射作用,实现资源的最大化利用,提高黄金供给能力[①]。

基于贵金属的稀缺特性,以及黄金特有的货币属性的特征,河北省应当考虑在环境可支撑的条件下,适当提供政策倾斜,鼓励黄金资源的开采开发。

---

① 王训练. 关于保障我国黄金矿产资源安全的提案[EB/OL]. 矿业界[2022-03-07]. https://www.zgkyb.com

第 6 章　铜矿供需形势及供应安全评价

6.1　铜矿供需及贸易态势

6.1.1　全球铜矿供需及贸易态势

1. 全球铜资源情况

全球铜资源并不稀缺,但储量相对集中分布在南美洲和澳大利亚等少数国家的少数矿山之中。根据美国地质调查局统计,2021 年全球铜资源储量为 8.8 亿 t,较 2020 年的 8.7 亿 t 略有增长,2021 年全球铅资源储量排名前六的国家分别为:智利 2.0 亿 t,占全球的 22.7%,澳大利亚 0.93 亿 t,占全球的 10.6%,秘鲁 0.77 亿 t,占全球的 8.8%,俄罗斯 0.62 亿 t,占全球的 7.0%,墨西哥 0.53 亿 t,占全球的 6.0%,美国 0.48 亿 t,占全球的 5.5%,排名前六的国家铜资源储量占全球总储量的 60.57%。中国铜资源储量 0.26 亿 t,占全球总储量的 2.95%。2021 年全球主要国家铜资源储量如图 6-1 所示。

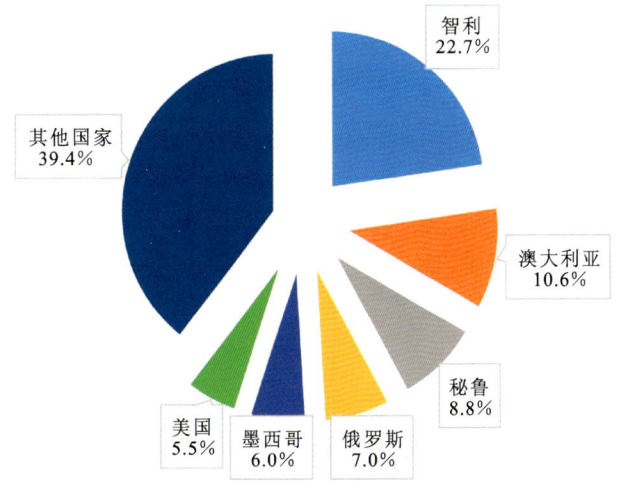

图 6-1　2021 年全球铜资源储量分布

(资料来源:Mineral Commodity Summaries,2022)

2. 全球铜资源生产状况

根据美国地质调查局公布的数据,2020 年全球矿山铜矿产量为 2060 万 t,2021 年全球矿山铜矿产量约为 2100 万 t。2020 年智利矿山铜矿产量 573 万 t,秘鲁 215 万 t,中国 172 万 t,刚果(金)160 万 t,美国 120 万 t 位居前列。2020 年全球精炼铜 2530 万 t,其中中国 1000 万 t,智利 233 万 t,日本 158 万 t,刚果(金)135 万 t,俄罗斯 104 万 t 位居前列。2016 年以来,全球矿山铜产量稳定在 2000 万~2100 万 t 区间浮动,且除了在 2017 年有短暂的下降外,2016—2021 年间全球矿山铜产量整体保持着稳定的增长态势。2016—2021 年全球矿山铜产量及增速如图 6-2 所示。

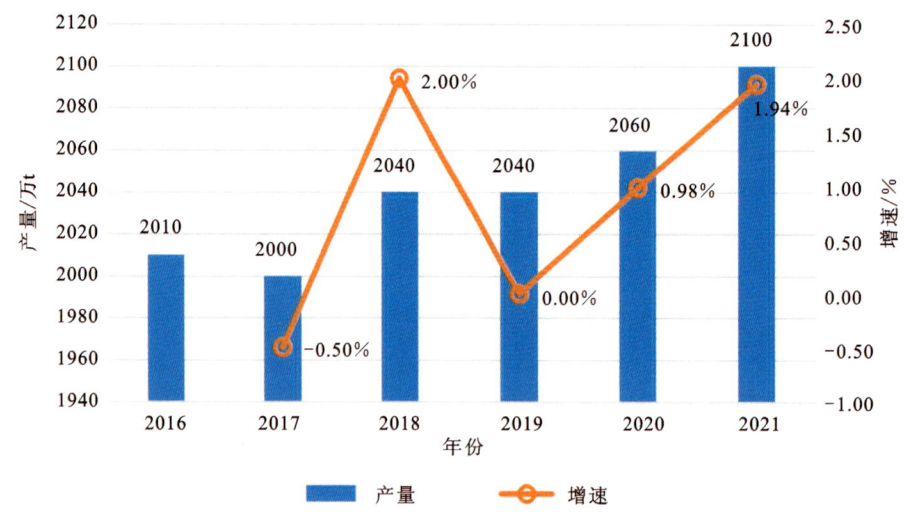

图 6-2　2016—2021 年全球矿山铜产量及增速

[资料来源:Mineral Commodity Summaries(2017—2022)]

2021 年全球精炼铜产量约为 2 480.6 万 t,较 2020 年增长了 1.61%。2014—2021 年全球精炼铜产量整体保持着增长的态势,仅有 2019 年为负增长,其增速为 -0.05%,其他年份增速最快的为 2016 年的 2.27%,增速最慢的为 2017 年的 0.82%。2014—2021 年全球精炼铜产量及增速如图 6-3 所示。

图 6-3　2014—2021 年全球精炼铜产量及增速

[资料来源:Mineral Commodity Summaries(2017—2022)]

3. 全球铜资源消费状况

2015—2020 年间,全球精炼铜消费量呈现稳步增长的态势,且增长率有放大的趋势,消费地主要集中于亚太地区,欧美消费量呈现稳中有降的态势,消费领域以建筑、电力、运输等行业为主。2020 年全球铜消费结构如图 6-4 所示。

第6章 铜矿供需形势及供应安全评价

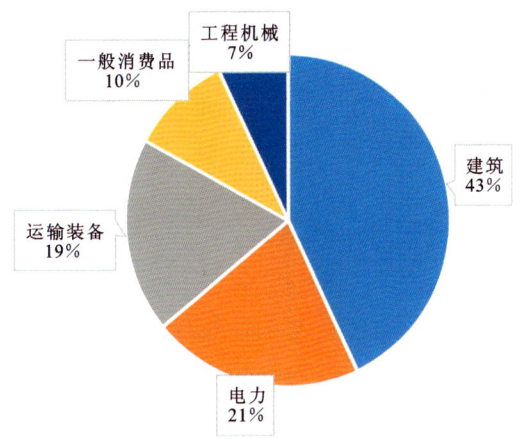

图 6-4 2020 年全球铜消费结构

(资料来源:Mineral Commodity Summaries,2021)

根据 WBMS(世界金属统计局)和 ICGS(国际铜业研究组织)公布数据,全球精炼铜消费量保持波动增长的态势,2010 年全球精炼铜消费量为 1913 万 t,到 2021 年全球精炼铜消费量增长到了 2526 万 t,增长了 32.04%,年均增长率为 2.56%。2010—2021 年全球精炼铜消费数据如图 6-5 所示。

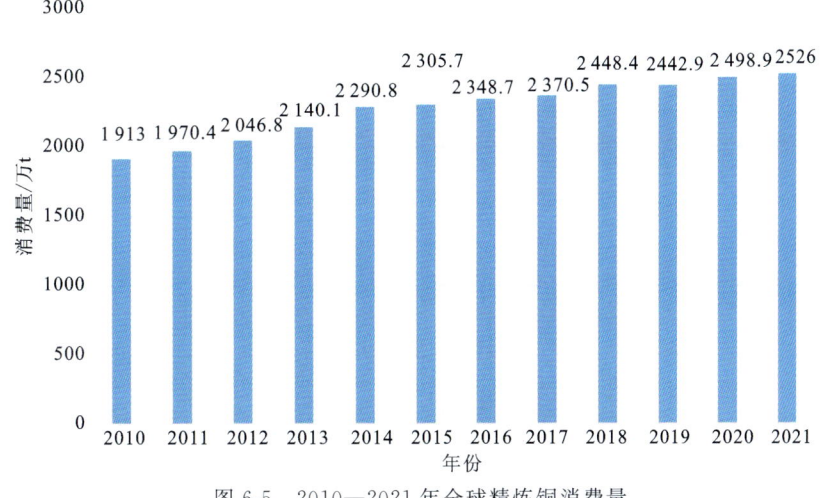

图 6-5 2010—2021 年全球精炼铜消费量

(资料来源:WBMS,ICGS,2022)

4. 全球铜资源贸易状况

全球铜产品进出口贸易主要集中在南部美洲和亚洲部分国家。铜精矿进出口贸易主要集中在秘鲁、智利、墨西哥、中国、日本、韩国等国家,其中出口国主要为秘鲁、智利、墨西哥等国家,进口国主要为中国、日本、韩国等国家;精炼铜进出口贸易主要集中在智利、日本、中国、美国等国家。2018—2022 年全球铜供需情况如表 6-1 所示。

从表 6-1 可以对 2018—2022 以来全球铜供需情况有基本的把握,整体上来看,供给仍然小于需求,且供给与需求之间的差距在 2021 年和 2022 年呈现放大的趋势。

2022 年,智利大型矿山近期因品位下滑、干旱、技改空间有限等各类不利因素导致生产受限,产量较去年同期明显下滑;秘鲁矿山面临持续的抗议活动,部分矿山被迫关停,但受影响的产量或可被新项目增产所补充;刚果矿山仍以卡莫阿项目放量为主,全年产量保持增速不变;俄乌冲突对俄铜矿的影响更多地体现在长期,全年产量预期小幅下调。有专家指出当前正处于铜精矿供需最宽松的时刻①。

表 6-1 2018—2022 年全球铜供需情况   单位:万 t

类别		2018 年	2019 年	2020 年	2021 年	2022 年
供给	铜精矿	2057	2053	2060	2110	2194
	原生铜	2 002.8	2 011.94	2 039.4.	2 088.9	2172
	再生铜	404	403	376	410	400
	铜总供给	2 406.8	2 414.94	2 415.4	2 499	2572
需求	中国	1238	1271	1422	1365	1 324.1
	欧洲	412	383	358	401.7	425.8
	美国	181	184	175	196.0	209.7
	其他	592	595	546	589.7	619.2
	合计	2423	2433	2501	2552	2579
供给—需求		−15	−16	−18	−86	−53

资料来源:2012—2020 年全球及中国铜行业产量与消费占比情况统计[EB/OL].[2022-07-26].https://www.chinabaogao.com

6.1.2 中国铜矿供需及贸易态势

1. 中国铜资源储量情况

我国铜资源主要集中分布于西藏、云南、江西等地,储量规模全国排名前十的铜矿山中有 6 座位于自然保护区内。2020 年西藏铜矿资源储量占全国的 26.1%,云南占 15.3%,江西占 8.7%,新疆占 8.4%,内蒙古占 6.6%(苏轶娜等,2021)。根据国家统计局公布的数据,2010—2018 年我国铜矿金属查明资源储量基本保持稳定增长态势,只是在 2019 年有略微的下滑,2010—2019 年我国铜矿金属查明资源储量如图 6-6 所示。

图 6-6 2010—2019 年我国铜矿金属查明资源储量

(资料来源:国家统计局)

---

① 铜精矿专题:目前或将是供需最宽松的时刻[EB/OL].研客专栏|铜精矿专题:目前或将是供需最宽松的时刻_财经头条(sina.com.cn).

2. 中国铜资源生产状况

1）铜精矿产量

根据中国有色金属工业协会公布的数据，2014—2020年间我国铜精矿产量呈现出先降后升的"U"形走势，从2014年的178.44万t下降至2017年的144.93万t之后，又反弹提升至2020年的167.32万t；从增速维度来看，2017年之后铜精矿产量的增速呈现出不断下降的走势，从2018年的7.88%下降至2020年的2.79%，3年间增速下降了5个百分点。2014—2020年我国铜精矿产量及增速如图6-7所示。

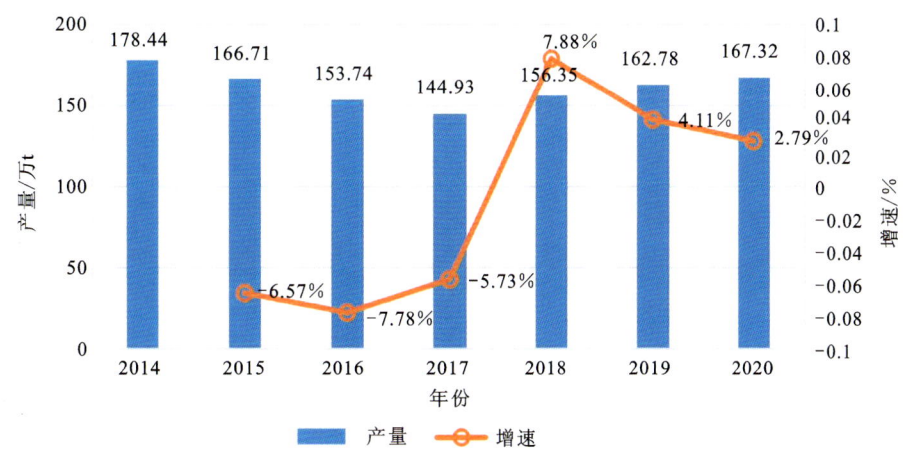

图6-7　2014—2020年我国铜精矿产量及增速

（资料来源：中国有色金属工业协会）

2）精炼铜产量

根据国家统计局公布的数据，2010—2021年间，我国精炼铜产量呈现出稳定增长的态势，从2010年的479.3万t增长到2020年的1 048.7万t，年均增长速度为7.38%；从增速维度来看，2014年之前我国精炼铜产量增速均超过10%，而自2015年起我国精炼铜产量增长速度均低于10%，最低值为2015年的0.08%，最高值为2019年的8.36%。2010—2021年我国精炼铜产量及增速如图6-8所示。

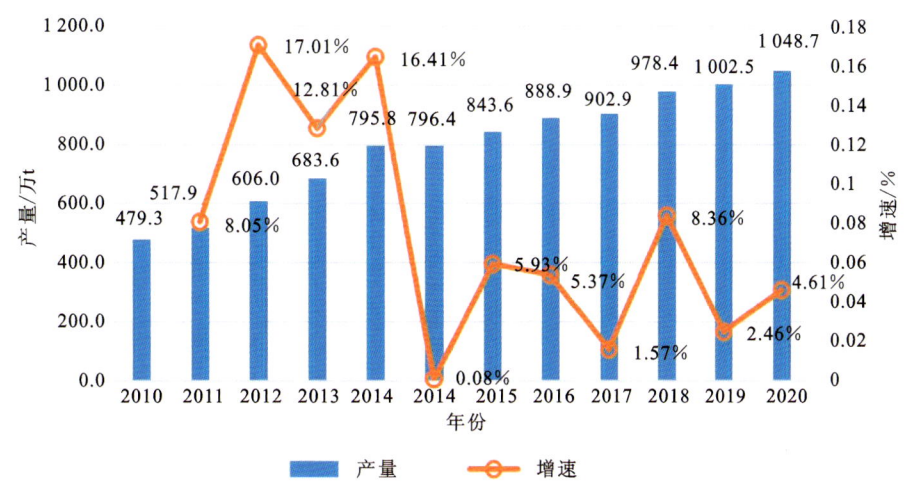

图6-8　2010—2021年我国精炼铜产量及增速

（资料来源：国家统计局）

3）中国铜资源消费状况

我国精炼铜消费量近几年呈现出持续增长的态势，2020年我国精炼铜消费量接近1500万t，占全球消费总量的约60%。目前我国铜主要消费在电力、家电、交通运输、建筑、机械电子等方面，2021年电力用铜占比最高，达到45.51%，其次为家电，占比为15.37%。2021年我国铜消费结构如图6-9所示。

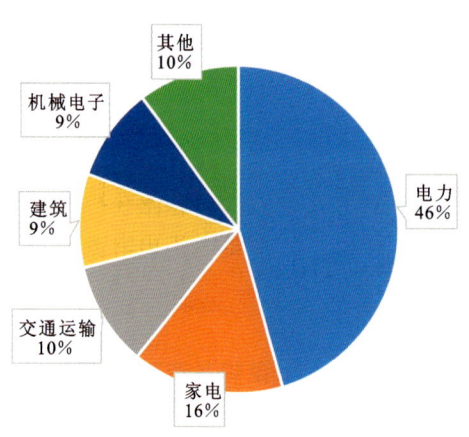

图 6-9　2021 年我国铜消费结构

(资料来源:2012—2020 年全球及中国铜行业产量与消费占比情况统计[EB/OL]. 2012—2020 年全球及中国铜行业产量与消费占比情况统计_观研报告网(chinabaogao.com))

中国是世界上最大的铜消费国,根据 WBMS 和 ICGS 的数据,中国精炼铜消费量于 2016 年突破 1000 万 t,近几年中国精炼铜消费量占全球精炼铜消费量的比重均超过了 50%,尤其是受新冠疫情影响较大的 2020 年,中国精炼铜消费量达到了 57% 的高位,成为新冠疫情期间保证全球铜资源市场稳定的重要力量。2015—2020 年以来,中国精炼铜消费量保持了强势的增长态势,年平均增长率为 7.76%。2015—2020 年中国精炼铜消费量数据如图 6-10 所示。

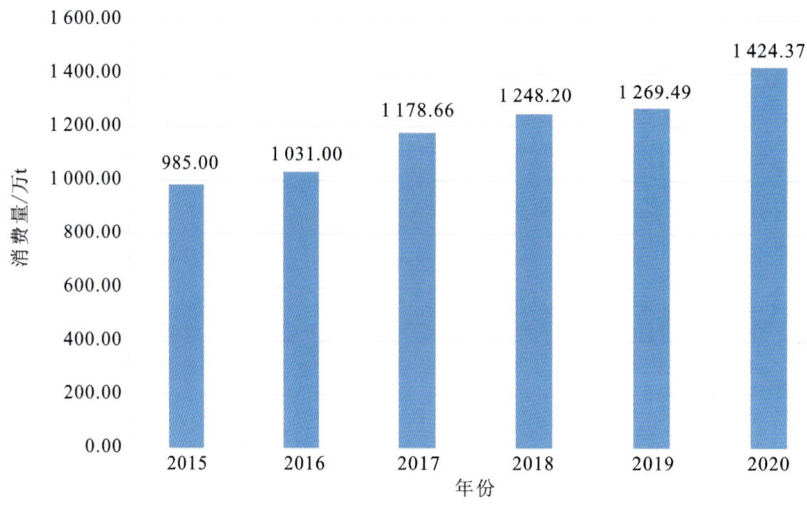

图 6-10　2015—2020 年中国精炼铜消费量

(资料来源:WBMS,ICGS,2022)

4)中国铜资源贸易状况

我国是铜资源进口大国,不论是进口金额还是进口数量都远大于出口额。我国铜精矿和精炼铜进口来源国排名前十的分别为智利、秘鲁、墨西哥、蒙古国、哈萨克斯坦、澳大利亚、西班牙、亚美尼亚、刚果(金)、加拿大,进口精炼铜排名前十的国家分别为智利、刚果(金)、俄罗斯、日本、哈萨克斯坦、澳大利亚、秘鲁、韩国、菲律宾、保加利亚等国家。

6.2 铜矿生产供应情况

2017—2019年河北省铜矿矿石产量分别为0.59万t、0.2万t和0.86万t。按已利用矿产地的保有资源储量加权,测算出全省已利用铜矿产地的平均品位为0.762 3%,即2017—2019年河北省铜(金属)产量分别为44.98t、15.25t和66.56万t。2020年开始,河北省铜矿年产矿石量增长迅速,2020年与2021年河北省铜矿年产矿石量分别为12.84万t和17.41万t。2013—2021年河北省铜矿年产矿石量数据如表6-2所示。

表6-2 2013—2021年河北省铜矿年产矿石量

年份	2013	2014	2015	2016	2017	2018	2019	2020	2021
铜矿/万t	0	0	0	0	0.59	0.2	0.86	12.84	17.41

整体来看,2017—2021年河北省铜矿年产矿石量数据波动较大,最大值与最小值之间相差86倍。因而,未来河北省铜矿矿石生产能力和发展变化较难依据历史数据做趋势预测。

6.3 铜矿可供性分析

6.3.1 铜矿资源赋存情况

根据《河北省矿产资源年报(2021)》公布的数据,2021年河北省铜矿:资源量(金属量)1 126 248.68t(112.62万t),比上年净减少82 441.28t(8.24万t),同比减少6.82%。变化原因:开采及损失量1 373.15t(0.14万t),重算减少81 068.13t(8.11万t)。

2010—2018年间,河北省铜矿矿石保有资源量呈现出增长态势,但是在2019年又有所下滑,且下滑走势持续到了2021年。2010—2021年河北省铜矿矿石保有资源量数据如表6-3所示。

表6-3 2010—2021年河北省铜矿矿石保有资源量

年份	2010	2011	2012	2013	2014	2015
矿石/万t	139.943	145.727	145.727	179.257	179.257	179.257
年份	2016	2017	2018	2019	2020	2021
矿石/万t	179.257	183.592	183.592	150.062	120.869	112.625

6.3.2 铜矿开发利用情况

截至2021年底,河北省有铜矿矿产地34处,保有资源量112.62万t,占全国的0.85%。已利用铜矿矿产地23处,保有资源量24.96万t;未利用矿产地11处,保有资源量87.67万t。

2017—2019年河北省铜矿矿石产量分别为0.59万t、0.2万t和0.86万t。2020年开始,河北省铜矿年产矿石量增长迅速,2020年与2021年河北省铜矿年产矿石量分别为12.84万t和17.41万t。

6.3.3 铜矿贸易情况

1. 石家庄海关数据

根据石家庄海关提供的数据,2020年河北省进口铜矿砂及其精矿9 792.59t,同比增长285.37%,进口额为8 650.13万元,同比增长285.17%;2021年,河北省进口铜矿砂及其精矿22 409.70t,同比增长131.02%,进口额33 836.13万元,同比增长327.93%。

2020年河北省出口未锻轧铜及铜材1 189.36t,同比增长111.54%,出口额为6 818.96万元,同比增长52.83%;2019年河北省出口未锻轧铜及铜材562.27t,同比下降18.56%,出口额为4 461.68万元,同比下降12.35%;2018年河北省出口未锻轧铜及铜材690.32t,同比增长22.19%,出口额为5 090.48万元,同比增长19.11%。

2. 中国海关数据

根据中国海关的数据,2015—2021年河北省铜矿砂及其精矿进口数量呈现震荡的发展态势,其中2018年进口量为0,而进口数量最多的为2017年的2.55万t,进口金额最多的为2021年的3.5亿元,而2021年河北省铜矿砂及其精矿进口数量为2.22万t,小于2017年的数量,说明铜矿砂及其精矿进口价格有所增长。出口维度,2015—2021年,河北省铜矿砂及其精矿出口主要是2015年的1.03万t,金额为9 371.69万元;2018年出口数量较少,仅为26t,出口金额为13.43万元;2021年出口仅23kg,金额64元,基本可以忽略。2015—2021年河北省铜矿砂及其精矿进出口数量及金额如表6-4所示。

表6-4 2015—2021年河北省铜矿砂及其精矿进出口数量及金额

年份	进口		出口	
	数量/万t	金额/万元	数量/万t	金额/万元
2015	0.89	5 290.63	1.03	9 371.69
2016	0.16	1 233.73	0.00	0.00
2017	2.55	24 656.90	0.00	0.00
2018	0.00	0.00	0.00	13.43
2019	0.25	2 245.80	0.00	0.00
2020	0.97	7 906.91	0.00	0.00
2021	2.22	35 321.46	0.00	0.01

资料来源:中国海关。

6.3.4 铜矿资源储备情况

根据河北省战略性矿产储量年报表,河北省铜矿产地总数为34个,其中已利用矿产地23个,未利用矿产地11个,储备矿产地1个;河北省铜矿储备资源量为818 046.10t。河北省铜矿储量与储备矿产地具体数据如表6-5所示。

表 6-5　河北省铜矿储量与储备矿产地

数据来源	矿产地数/个	已利用矿产地	未利用矿产地	储备资源量/t
储量表	34	23	11	
储备情况	1	0	1	818 046.1

6.3.5　铜矿可供性评价

鉴于目前河北省铜资源需求、净进口、自给率等数据的缺失,对河北省铜资源供应进行量化分析难度较大,但是,可以从全球铜资源市场和国内铜资源市场的变化情况分析河北省铜资源市场未来的发展趋势。

根据国际铜业研究组织(ICSG)数据,近五年全球铜消费量总体呈上升态势,但增速放缓。2020年全球除中国以外的地区精炼铜需求量下降了9%。中国铜市场从2020年4月开始复苏,铜需求较2019年增长了12.2%,弥补了全球其他地区减少的需求;而根据国际铜业研究组织(WBMS)的数据,近五年全球精炼铜供应总体偏紧。

从国内市场来看,精炼铜消费量以年均7.76%的速度增长,需求旺盛;而从供给维度,2015—2020年全国精炼铜产量的年均增速仅为3.96%,而同期国内铜精矿产量年均增速为-0.88%。国内供给与需求的差距有进一步拉大的趋势,这也是迫使铜资源进口量不断扩大的原因所在。

具体到河北省,2017年铜矿矿石产量为0.59万t,2018年下降为0.2万t,相较于同期183.592万t的铜矿矿石保有资源储量,比重极小。另据统计,2021年河北省铜矿设计采矿能力139万t/a,实际采矿能力45万t/a,因而,河北省具备提升产量的基本条件和保障。

总体来看,在全球铜资源供给总体趋势偏紧的大背景下,在国内铜资源需求旺盛而国内供给不足的情况下,在河北省铜矿资源保有资源储量具备保障条件的情况下,大力提升铜矿资源的开采能力和产量是符合市场需求的。但是,考虑到国内供给侧结构性改革、环保力度加大、勘探投入逐年下降等政策与环境维度的制约,河北省在适度提升产量满足市场的同时,可以先期做好铜资源的勘查与探矿,为本地开采开发奠定储量基石和产能准备,此外,应在对外稳定和拓展铜资源贸易渠道的同时,增强内部铜资源绿色循环利用的能力。

6.4　铜矿供应安全分析

6.4.1　我国铜矿资源SWOT分析

从储量、产量、消费量、贸易、供需等多个维度,全球和中国两个视角对铜资源进行SWOT分析如图6-11所示。

铜被视为"电动金属"(metal of electrification),对各种能源转型都很重要。随着能源转型加速,尽管地位重要,但其供需缺口预计将"非常大"。替代和回收不足以满足电动汽车、电力设施和可再生能源的需求。据Mining.com网站报道,标普全球(S&P Global)一位分析师指出,铜短缺可能成为威胁21世纪国际安全的主要不稳定因素。标普全球(S&P Global)公司预测,铜需求量将从目前的2500万t增至2035年的5000万t,创历史纪录并将保持持续增长势头,2050年预计达到5300万t。报告发现,要

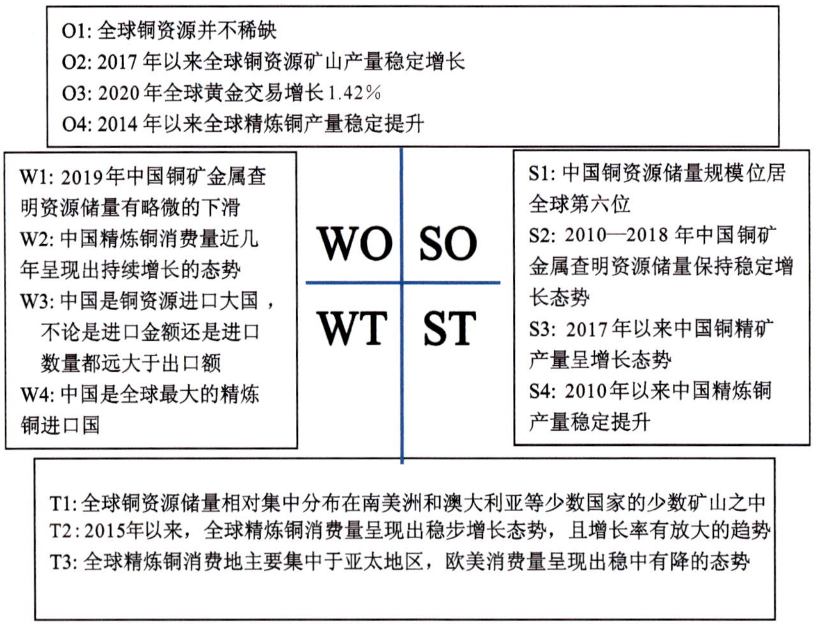

```
┌─────────────────────────────────────────────────┐
│ O1: 全球铜资源并不稀缺                              │
│ O2: 2017年以来全球铜资源矿山产量稳定增长             │
│ O3: 2020年全球黄金交易增长1.42%                    │
│ O4: 2014年以来全球精炼铜产量稳定提升                │
└─────────────────────────────────────────────────┘
┌───────────────────────┬─────────────────────────┐
│ W1: 2019年中国铜矿金属查 │ S1: 中国铜资源储量规模位居 │
│ 明资源储量有略微的下滑   │ 全球第六位                │
│ W2: 中国精炼铜消费量近几 │ S2: 2010—2018年中国铜矿  │
│ 年呈现出持续增长的态势   │ 金属查明资源储量保持稳定增 │
│ W3: 中国是铜资源进口大国，│ 长态势                   │
│ 不论是进口金额还是进口   │ S3: 2017年以来中国铜精矿  │
│ 数量都远大于出口额      │ 产量呈增长态势            │
│ W4: 中国是全球最大的精炼 │ S4: 2010年以来中国精炼铜  │
│ 铜进口国               │ 产量稳定提升              │
└───────────────────────┴─────────────────────────┘
┌─────────────────────────────────────────────────┐
│ T1: 全球铜资源储量相对集中分布在南美洲和澳大利亚等少数国家的少数矿山之中 │
│ T2: 2015年以来，全球精炼铜消费量呈现出稳步增长态势，且增长率有放大的趋势  │
│ T3: 全球精炼铜消费地主要集中于亚太地区，欧美消费量呈现出稳中有降的态势   │
└─────────────────────────────────────────────────┘
```

图 6-11 铜资源 SWOT 分析

实现 2050 年净零排放目标，需要在 2035 年前大力发展电力和汽车行业。预计在 2025 年开始出现的全球铜长期供应不足将给全球经济带来严重影响，并将拖延 2050 年实现净零排放的时间。即使在产能利用率大幅上升和回收率创历史最高水平即乐观情景(high ambition scenario)下，铜供应仍然不足，2035年精炼铜需求仍然高于预测的供应水平[1,2]。

鉴于上述对我国铜资源全方位的 SWOT 分析，可以看出我国铜资源目前的状态和所面临的情况，据此可从优势、劣势、机会、威胁 4 个方面分别着手，做到充分发挥优势、尽量回避劣势、正确把握机会、争取克服威胁，为我国铜资源的供需平衡做出下一步规划。

整体上来看，中国是世界最大的铜资源消费国，而自身储量相对不足、对外储存度高成为影响铜资源安全的内在问题，铜资源的价格波动，也容易对上下游产业链造成冲击。

6.4.2 铜资源安全策略

一是继续加大对铜矿资源的勘查力度，以围绕建立境外稳定供应渠道为重点开发境外资源，构筑互利共赢的全球产业链供应链利益共同体。

二是加快构建废旧物资循环利用体系，完善再生回收利用领域相关规范和制度，培育再生资源行业骨干企业，调整再生铜进口标准，扩大再生铜原料来源渠道。

三是构建"拉美—周边—非洲"三极的海外资源保障体系，主动适应资源东道国产业链本土化要求，保障企业海外投资合法权益，积极参与全球铜资源治理，稳步提升铜资源国际话语权[3]。

随着国内供给侧结构性改革、环保力度加大、勘探投入逐年下降，国内矿产品供应形势更加严峻。因此，提高有针对性的地质勘查投入，切实增加河北省铜资源储量及循环利用能力需要得到更高的重视。

---

[1] 标普:铜短缺威胁21世纪国际安全[EB/OL].中国自然资源部网站.2022-08-19. http://geoglobal.mnr.gov.cn/zx/kydt/zhyw/202208/t20220819_8343363.ht。

[2] The future of copper: Will the looming supply gap short-circuit the energy transition? [R]. S&P Global,2022.

[3] 中国铜资源安全如何保障?[EB/OL].中国新闻网.2022-08-29. https://baijiahao.baidu.com/s?id=1742504428103325406&wfr=spider&for=pc。

第 7 章 钼矿供需形势及供应安全评价

7.1 钼矿供需及贸易态势

7.1.1 全球钼矿供需及贸易态势

1. 全球钼资源情况

全球钼资源丰富,根据美国地质调查局公布的数据,2021 年全球钼资源储量 1600 万 t,其中中国 830 万 t,占全球的 51.88%,美国 270 万 t,占全球的 16.88%,秘鲁 230 万 t,占全球的 14.38%,智利 140 万 t,占全球的 8.75%。2021 年全球钼矿储量分布如图 7-1 所示。

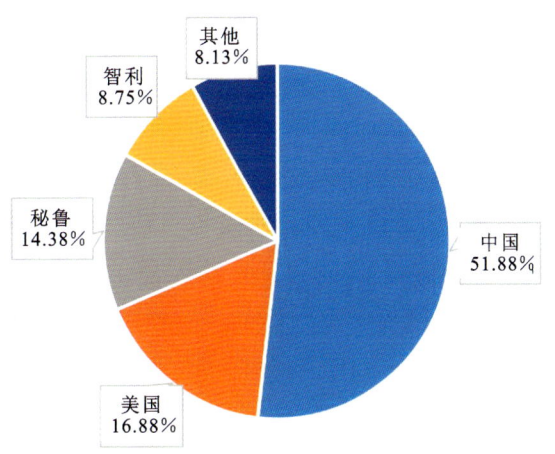

图 7-1 2021 年全球钼矿储量分布

(资料来源:Mineral Commodity Summaries,2022)

2. 全球钼资源生产状况

根据美国地质调查局公布的数据,2021 年全球钼矿资源矿山产量为 3.0 亿 t,其中,中国 1.3 亿 t,位列第一,占全球总储量的 43.33%;智利 5100 万 t,占全球总储量的 17.0%;美国 4800 万 t,占全球总储量的 16.0%;秘鲁 3200 万 t,占全球总储量的 10.67%;墨西哥 1800 万 t,占全球总储量的 6.0%;亚美尼亚 820 万 t,占全球总储量的 2.73%。全球钼矿资源分布及占比如图 7-2 所示。

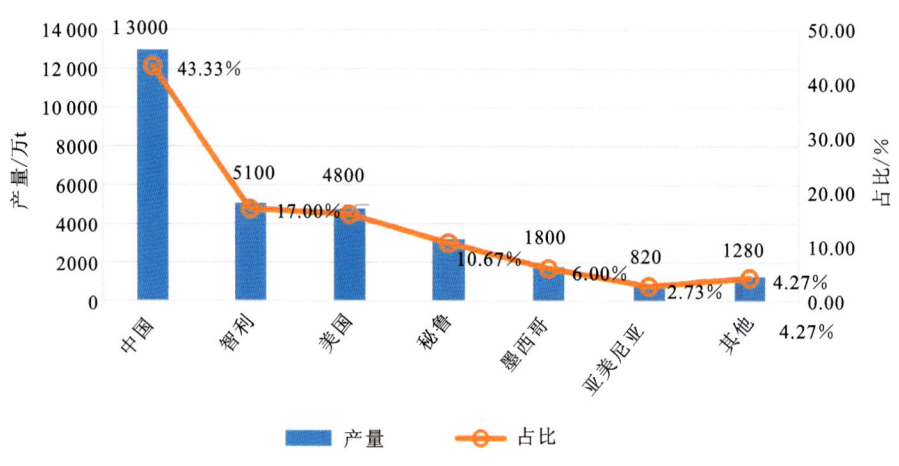

图 7-2 全球钼矿资源分布及占比

(资料来源：Mineral Commodity Summaries, 2022)

3. 全球钼资源消费状况

全球钼消费在地域上形成了以中国为龙头，西欧、美国和日本等发达国家共存的"四分天下"的格局。2020年，全球钼消费量为23.92万t，同比下降5.37%，其中，中国钼消费量为9.95万t，同比增长6.08%；美国钼消费量为2.60万t，同比下降12.46%；欧洲钼消费量为5.35万t，同比下降11.94%；日本钼消费量为2.34万t，同比下降12.36%。2019年中国钼消费量占全球总消费量的37.06%，2020年该比例上升到41.54%。2017—2020年全球钼消费量及分布如表7-1所示。

表 7-1 2017—2020年全球钼消费量及分布

国家/地区	2017年/万t	2018年/万t	2019年/万t	2020年/万t	2020年同比增长/%
中国	8.49	8.64	9.38	9.95	6.08
日本	2.53	2.69	2.67	2.34	−12.36
欧洲	6.33	6.50	6.28	5.53	−11.94
美国	2.97	3.06	2.97	2.60	−12.46
其他	3.98	4.14	4.01	3.53	−11.97
全球合计	24.30	25.03	25.31	23.95	−5.37

资料来源：英国商品交易所。

4. 全球钼资源贸易状况

钼贸易以钼精矿、钼铁为主，其次是工业氧化钼及钼酸盐。目前，全球钼资源形成了"三足鼎立"的供应局面与"四分天下"的消费格局。钼精矿出口主要集中在秘鲁、智利、美国、加拿大、蒙古国和中国等国家，氧化钼出口主要集中在智利、美国、中国、韩国等国家，钼铁出口主要集中在韩国、智利、中国、德国、俄罗斯、美国、法国等国家。全球钼产品出口及公布的具体信息可以参照表7-2所示的2016—2020年全球钼产品出口量及分布表。

钼资源进口方面，欧盟、美国、中国、智利、韩国为主要钼精矿进口国家，日本、韩国、英国、美国、中国、法国等为主要氧化钼进口国家，德国、美国、法国、日本、韩国、印度为主要钼铁进口国家。2016—2020年全球钼产品进口量及分布如表7-3所示。

第7章 钼矿供需形势及供应安全评价

表7-2 2016—2020年全球钼产品出口量及分布

产品	国家	出口量/t				
		2016年	2017年	2018年	2019年	2020年
钼精矿	秘鲁	21 767	22 443	24 753	26 498	26 185
	智利	12 760	13 179	15 223	14 076	18 684
	美国	7692	10 690	12 690	17 163	16 479
	加拿大	3461	7834	8345	7338	2097
	蒙古	2726	3055	2820	2444	2480
	中国	1016	1555	1875	1321	187
氧化钼	智利	40 761	42 491	41 686	38 167	149 374
	美国	6472	9599	10 023	15 385	—
	中国	2128	2725	3095	1618	1157
	韩国	2342	2295	2020	1466	1770
钼铁	韩国	9116	10 660	14 601	15 720	14 107
	智利	3991	4438	7073	5609	4554
	中国	2812	4534	2497	2275	2616
	德国	2061	1667	1274	948	592
	俄罗斯	3607	2881	1106	1480	1040
	美国	552	1023	1582	1291	643
	法国	354	404	770	1343	986

资料来源：World Metal Statistics Yearbook，2021。

表7-3 2016—2020年全球钼产品进口量及分布

产品	国家	进口量/t				
		2016年	2017年	2018年	2019年	2020年
钼精矿	欧盟	17 064	16 174	22 173	27 480	—
	美国	10 441	17 280	18 347	16 489	—
	中国	7598	10 214	7624	6874	27 331
	智利	10 315	9479	11 587	12 290	19 302
	韩国	6005	7610	7975	7280	8108
氧化钼	日本	20 489	22 083	23 327	21 699	19 457
	韩国	9904	11 198	14 837	15 068	12 333
	英国	5939	9001	8006	7350	3955
	美国	3579	5951	3819	3491	—
	中国	4095	5083	2877	4560	23 056
	法国	1186	1064	1306	1267	990

续表 7-3

产品	进口量/t					
	国家	2016 年	2017 年	2018 年	2019 年	2020 年
钼铁	德国	9894	9708	8780	7490	5994
	美国	2433	5538	7723	6800	2747
	法国	1827	4589	1821	1802	1296
	日本	1169	1451	1524	1487	752
	韩国	643	1358	199	522	17
	印度	579	1070	1396	1241	2015

资料来源：World Metal Statistics Yearbook，2021。

7.1.2 中国钼矿供需及贸易态势

1. 中国钼资源情况

钼是中国传统的优势矿产之一，资源总量丰富。根据自然资源部《中国矿产资源报告》中公布的数据，2021 年中国钼资源储量约为 4 143.51 万 t，比 2020 年增长了 16.44%。2010 年以来我国钼资源储量整体上保持了稳定增长的态势，增长速度呈现"U"形走势。2010—2021 年我国钼矿资源储量及增速如图 7-3 所示。

图 7-3　2010—2021 年我国钼矿资源储量及增速
［资料来源：中国矿产资源报告（2011—2022）］

我国钼矿资源主要分布于河南、内蒙古、黑龙江、安徽、吉林等地。我国钼矿资源虽然储量丰富，但是以原生钼矿为主，并且原矿中钼品位相对较低，再加上生产规模和采选自动化等原因，使得国内钼精矿生产成本较高。

2. 中国钼资源生产状况

根据有色金属工业协会公布的数据，2020 年我国钼精矿（折纯钼 45%）产量为 21.33 万 t，较 2019

年下降 8.30%。2007—2020 年我国钼矿产量呈现出抛物线的走势,在 2015 年达到峰值点的 30.03 万 t,2016 年之后产量略有震荡,但是整体上仍保持了持续下降的态势。2007—2020 年我国钼精矿(折纯钼 45%)产量及增速如图 7-4 所示。

图 7-4　2007—2020 年中国钼精矿(折纯钼 45%)产量

(资料来源:有色金属工业协会)

3. 中国钼资源消费状况

随着我国工业体系的不断完善与发展,钼消费量总体上保持着增长的趋势。2020 年我国钼消费 9.95 万 t,同比增长 6.08%。智研咨询发布的《2021—2027 年中国钼精矿行业发展现状分析及未来前景分析报告》显示:2019 年我国钼矿行业消费市场规模在 196.89 亿元左右,2020 年钼矿行业消费市场规模为 202.43 亿元,同比增长 2.81%。2011—2020 年我国钼矿行业消费市场规模及增速如图 7-5 所示。

图 7-5　2011—2020 年我国钼矿行业消费市场规模及增速

(资料来源:智研咨询.2021—2027 年中国钼精矿行业发展现状分析及未来前景分析报告 2021)

过去几年,中国钢铁产量快速增长带动国内钼消费量增加。从 2010 年开始,中国首次超过欧洲成为全球最大钼消费国。2020 年我国钢铁产量达到历史新高,2020 年钼精矿表观消费量增长率达到 24.9%。当前我国钼矿行业消费结构如图 7-6 所示。

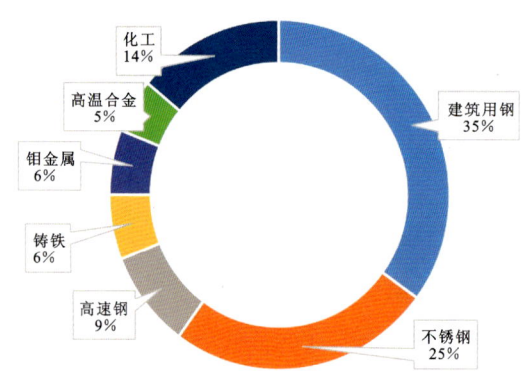

图 7-6 中国钼矿行业消费结构

（资料来源：智研咨询.2021—2027 年中国钼精矿行业发展现状分析及未来前景分析报告 2021）

4. 中国钼资源贸易状况

根据海关统计口径：目前海关系统针对钼矿产品的进出口贸易统计，纳入专项统计"钼矿砂及其精矿"。

2020 年我国钼出口量大幅减少，进口量大幅增加，成为全球主要的钼进口国家。根据安泰科的估算，2020 年全国累计进口钼产品折金属 5.48 万 t，同比增长 332.46%；累计出口钼产品 1.17 万 t，同比下降 16.32%。我国在经历了 2010—2019 年连续 10 年的净出口之后，2020 年转为钼进口，且净进口量达到 4.3 万 t。2011—2020 年我国钼矿砂及其精矿进出口数量和金额如表 7-4 所示。

表 7-4　2011—2020 年我国钼矿砂及其精矿进出口量和金额

年份	出口		进口	
	数量/kg	金额/千美元	数量/kg	金额/千美元
2011	18 731 980	375 463	15 397 444	316 485
2012	11 498 590	205 521	10 149 185	164 397
2013	6 549 661	88 327	14 938 117	177 799
2014	11 144 845	152 451	14 838 025	153 842
2015	4 189 988	36 601	14 105 893	90 437
2016	6 177 268	46 010	21 796 769	129 256
2017	8 450 138	71 008	28 559 443	215 013
2018	9 829 301	115 135	19 708 989	188 486
2019	5 865 436	72 418	21 219 539	236 183
2020	2 920 558	21 793	99 218 824	845 825

资料来源：中国海关。

7.2　钼矿需求分析

2019 年国内钼精矿产量为 23.26 万 t，进口量 2.12 万 t，出口量 0.59 万 t，国内钼精矿表观消费量为 24.79 万 t。

第 7 章 钼矿供需形势及供应安全评价

2020年,我国钼精矿产量略有下降,进口量大幅增长,达到了9.92万t,出口量下降明显,仅为0.29万t,国内市场需求仍保持较明显的增长态势,达到了30.96万t。2011—2020年我国钼精矿供需平衡如图7-7所示。

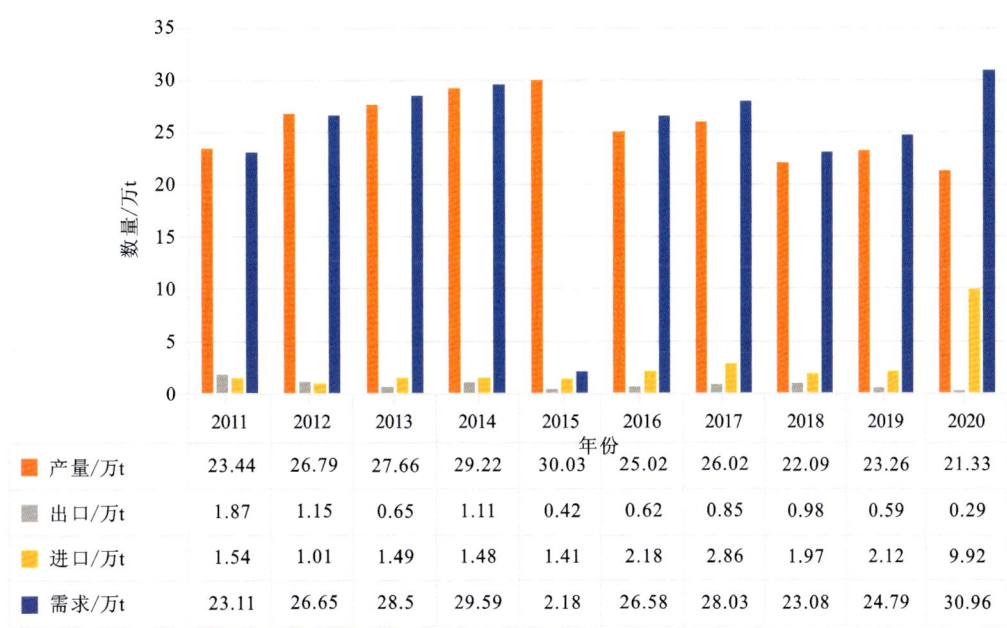

图 7-7 2011—2020 年我国钼精矿供需平衡统计图

(资料来源:有色金属工业协会、中国海关)

从长期来看,需求方面,由于国内部分钢厂正进行产业结构升级,产品由普钢向优特钢调整,钼需求量或将受益于不锈钢产品内部结构的调整而有所增长;供给方面,受国内行业保护性开采政策限制,钼供给量将得以控制。

7.3 钼矿供给预测

2012—2021年间,河北省钼矿年产矿石量呈现出震荡发展的态势,具体数据如表7-5所示。

表 7-5 2012—2021 年钼矿年产矿石量　　　　单位:万t

年份	2012	2013	2014	2015	2016	2017	2018	2019	2020	2021
钼矿	401.16	350	401.74	400	400	0	1000	900	0	0

按已利用矿产地的保有资源储量加权,计算出全省已利用钼矿产地的平均品位,为0.177 89%。可以测算得到2019—2025年河北省钼(金属)产量,如表7-6所示。

表 7-6 2019—2025 年河北省钼(金属)产量

年份	2022	2023	2024	2025
钼矿/万t	1.48	1.18	1.01	1.44

因而,在"十四五"时期,河北省钼(金属)产量预测将处于1.01万~1.48万t区间范围。

7.4 钼矿可供性分析

7.4.1 钼矿资源赋存情况

我国钼矿分布就大区来看，中南占全国钼总储量的35.7%，居首位；随后是东北19.5%、西北13.9%、华北12%，西南仅占4%。就各省(区)来看，河南最多，占全国钼矿总储量的30.1%，其次陕西占13.6%、吉林占13%；另外储量较多的省(区)还有：山东占6.7%、河北占4%、辽宁占3.7%、内蒙古占3.6%。以上8个省(区)合计储量占全国钼矿总储量的81.1%，其中前三位共占56.7%[①]。

根据《河北省矿产资源年报(2021)》，钼矿主要分布于承德、保定、秦皇岛、张家口四市，占钼矿矿产地总数的96.97%。钼矿大型矿产地2处，资源量55.14万t，占钼矿资源量的64.06%；中型矿产地7处，资源量28.11万t，占钼矿资源量的32.66%；小型矿产地24处，资源量2.82万t，占钼矿资源量的3.28%。钼矿达到勘探矿产地3处，资源量6.81万t，占钼矿资源量的7.91%；达到详查矿产地17处，资源量38.23万t，占钼矿资源量的44.41%；达到普查矿产地13处，资源量41.04万t，占钼矿资源量的47.68%。2021年，河北省钼矿利用矿产地20处，占钼矿矿产地的60.61%；资源量68.40万t，占钼矿资源量的79.46%。

2015年以来，河北省钼矿资源储量呈现稳定增长态势。根据《河北省矿产资源年报(2021)》公布的数据，2021年河北省钼矿资源量860 750.77 t(86.08万t)，比上年净减少13 889.67t(1.39万t)，同比减少1.59%。变化原因：开采及损失量169.35t(0.02万t)，重算减少13 720.32t(1.37万t)。2015—2021年河北省钼矿矿石保有资源储量数据如表7-7所示。

表7-7 2015—2021年钼矿矿石保有资源储量

年份	2015	2016	2017	2018	2019	2020	2021
钼矿(矿石)/万 t	81 950.87	82 313.89	82 321.37	86 927.79	87 037.13	87 464.04	86 075.08

数据来源：《河北省矿产资源年报(2015—2021)》。

2015—2021年河北省钼矿矿石保有资源储量变化情况如图7-8所示。

7.4.2 钼矿开发利用情况

根据河北省自然资源厅公布的《2021年度河北省矿产资源开发利用形势分析报告》中的数据，2021年河北省钼矿开发利用矿山企业数量9个，占全省矿山企业总数的0.59%，矿山企业数量与2020年相同。其中，1个中型、8个小型规模矿山。2021年，河北省钼矿企业工业总产值为74 862.47万元，矿产品销售收入67 326.89万元，利润总额为9 780.63万元。2021年河北省钼矿企业开采分布较为局限，仅见于保定、张家口和承德三市，其中保定有钼矿企业1个，张家口有钼矿企业1个，承德有钼矿企业7个。

---

① 中国最大钼矿原来是在这里！[EB/OL]. https://www.sohu.com/a/391402067_120343146.

第 7 章 钼矿供需形势及供应安全评价

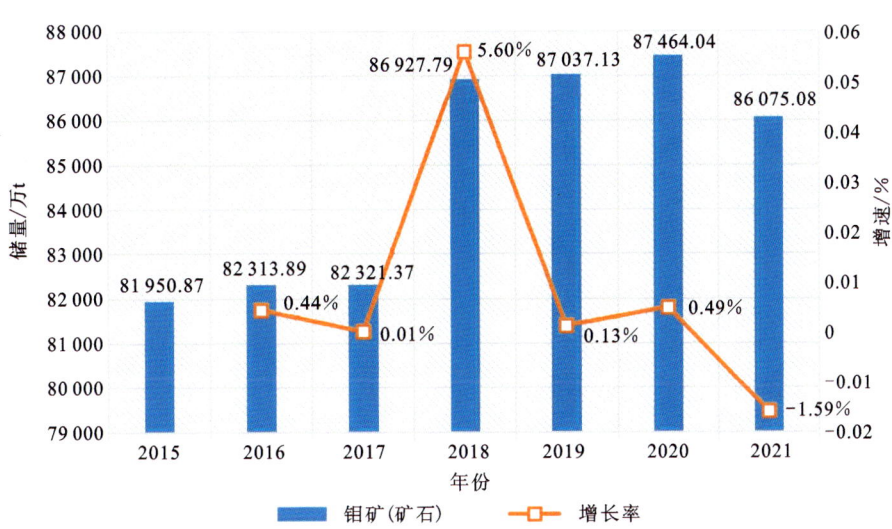

图 7-8　2015—2021 年河北省钼矿矿石保有资源储量变化情况

（数据来源：《河北省矿产资源年报（2015—2021）》）

2012 年以来河北省钼矿开采量波动极大，其中 2017 年、2020 年和 2021 年无开采数据，2016 年之前河北省钼矿年产矿石量在 400 万 t 上下浮动，而到 2018 年河北省钼矿年产矿石量突增为 1000 万 t，2019 年则为 900 万 t。2012—2021 年河北省钼矿年产矿石量数据变化如图 7-9 所示。

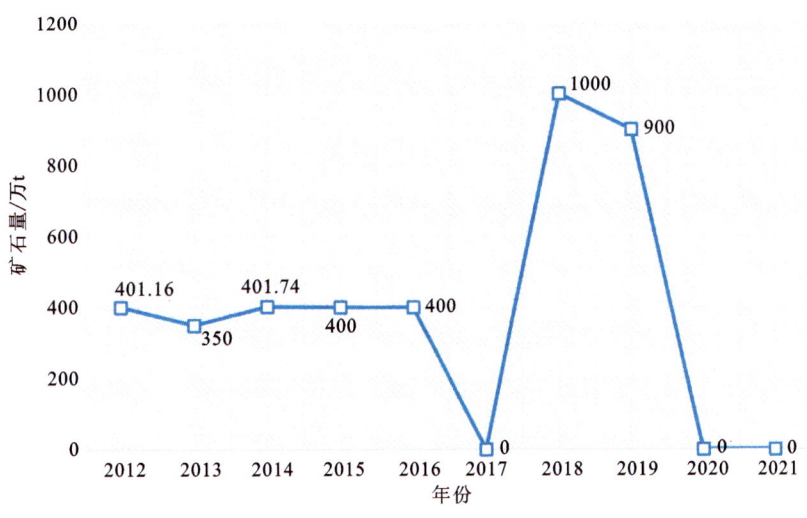

图 7-9　2012—2021 年河北省钼矿年产矿石量数据变化

7.4.3　钼矿贸易情况

河北省钼资源交易以进口为主，出口量极少。根据中国海关公布的数据，2015—2021 年，河北省进口已焙烧的钼矿砂及其精矿（商品编码：26131000）数据变动较大，仅 2015 年、2016 年和 2020 年有进口记录，其中 2015 年进口 60t，金额为 2 381.48 万美元；2016 年进口 20t，金额为 1 159.58 万美元；2020 年进口 60t，金额为 5 478.30 万美元。需要注意的是，2020 年河北省进口已焙烧的钼矿砂及其精矿的价格为 2015 年的 2.30 倍。2015—2021 年河北省进口已焙烧的钼矿砂及其精矿数量和金额如表 7-8 所示。

表7-8 2015—2021年河北省进口已焙烧的钼矿砂及其精矿数量和金额

年份	数量/t	金额/万美元
2015	60	2 381.48
2016	20	1 159.58
2017	0	0
2018	0	0
2019	0	0
2020	60	5 478.30
2021	0	0

资料来源：中国海关。

2015—2021年间，河北省仅在2017年实现其他钼矿砂及其精矿（商品编码：26139000）的出口，出口量为28t，金额为2 786.6万美元。

7.4.4 钼矿资源储备情况

根据河北省战略性矿产储量年报表，河北省钼矿产地总数为33处，其中已利用矿产地20个，未利用矿产地13个，储备矿产地6个；河北省钼矿储备资源量为607 952.92t。河北省钼矿储量与储备矿产地具体数据如表7-9所示。

表7-9 河北省钼矿储量与储备矿产地

数据来源	矿产地数/个	已利用矿产地/个	未利用矿产地/个	储备资源量/t
储量表	33	20	13	
储备情况	6	2	4	607 952.92

7.4.5 钼矿可供性评价

鉴于目前对河北省历年钼资源需求量数据的缺乏，无法对河北省钼资源的自给率进行精确计算，但可以从全球钼资源市场和国内钼资源市场的变化情况分析河北省钼资源供应的策略。

从全球范围来看，近十年来，钼供给增速的波动逐渐变小，未来供弱于需的形势将成为主流。2017—2021年全球钼精矿产量维持在27万t左右，供应端较稳定。2017—2019年，全球钼消费量保持了年均2.06%的增长，虽然在新冠肺炎疫情的影响下，2020年全球钼消费量下降了5.37%，为23.95万t，但是，2021年全球钼消费量迅速增长为27.72万t，预计2022—2025年全球钼消费量仍将保持低速增长态势。

中国是全球最大的钼资源储量地、生产国和最大的消费国。2015年以来我国钼精矿产量呈现出震荡下降的走势，产量从2015年的30.03万t下降到了2020年的21.33万t，下降了28.97个百分点，年均下降了6.61个百分点。2016—2020年，我国钼矿消费市场规模增长明显，从2016年的108.37亿元增加到了2020年的202.43亿元，增长了86.80%，年均增长率达到了16.91%。考虑到钼资源战略储备矿产资源的特殊地位，它在钢铁、航空航天、电子器件等领域的重要作用，以及下游需求大多是较高景

第 7 章 钼矿供需形势及供应安全评价

气领域,主要集中在军工航天、汽车、新能源设备(如碳酸锂、氢氧化锂反应釜)、风电铸件、石油石化天然气管道、LNG 储罐及船舶制造,需求前景较好等情况,未来钼需求量或将继续保持增长态势;供给方面,受国内行业保护性开采政策限制,钼供给量将得以控制。

河北省 2012—2016 年间钼矿年产矿石量在 400 万 t 附近浮动,到 2018 年增长到 1000 万 t,预测 2019—2025 年河北省年产钼矿石量在 400 万~900 万 t 区间浮动,明显难以满足市场需求。

总体来看,全球钼资源未来将以供弱于需的形势为主流;而在国内,受钼资源下游产业高速发展的刺激,钼资源的需求量将进一步扩大,同时,钼供给的控制仍将持续。河北省钼矿保有资源储量相对丰富,但是,开采利用量却不占优势,未来在采取内部勘查、产能建设保障,外部市场开拓,内部保障为先,外部利用为主策略的同时,也可以适度释放产能、增加产量,以满足市场不断增长的需求,同时有效规避未来下游钢企业大规模替代含钼产品的风险。

7.5 钼矿供应安全分析

7.5.1 钼矿资源 SWOT 分析

从整体上来看,中国钼矿资源呈现出储量大、产量高,但品位低、成本高的特性;而且随着中国工业体系的变化,近几年中国对钼资源的进口量不断增长,出口量却呈现出不断下降的态势;中国钼资源产量增长有限,同时国外钼资源增产能力不明显;全球丰富的资源储量和复杂的空间流向网络可以有效分担贸易过程中出现的风险,减少钼资源风险的产生。

从储量、产量、消费量、贸易、供需等多个维度,全球和中国两个视角对钼资源进行 SWOT 分析如图 7-10 所示。

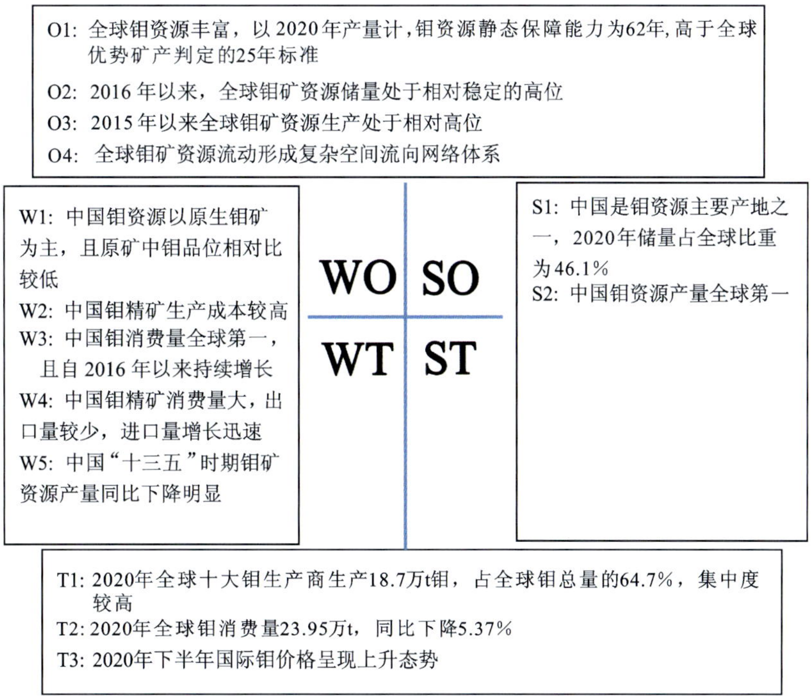

O1: 全球钼资源丰富,以 2020 年产量计,钼资源静态保障能力为 62 年,高于全球优势矿产判定的 25 年标准
O2: 2016 年以来,全球钼矿资源储量处于相对稳定的高位
O3: 2015 年以来全球钼矿资源生产处于相对高位
O4: 全球钼矿资源流动形成复杂空间流向网络体系

W1: 中国钼资源以原生钼矿为主,且原矿中钼品位相对比较低
W2: 中国钼精矿生产成本较高
W3: 中国钼消费量全球第一,且自 2016 年以来持续增长
W4: 中国钼精矿消费量大,出口量较少,进口量增长迅速
W5: 中国"十三五"时期钼矿资源产量同比下降明显

WO	SO
WT	ST

S1: 中国是钼资源主要产地之一,2020 年储量占全球比重为 46.1%
S2: 中国钼资源产量全球第一

T1: 2020 年全球十大钼生产商生产 18.7 万 t 钼,占全球钼总量的 64.7%,集中度较高
T2: 2020 年全球钼消费量 23.95 万 t,同比下降 5.37%
T3: 2020 年下半年国际钼价格呈现上升态势

图 7-10 钼资源 SWOT 分析

2016—2020年,由于钼价格长期处于低迷状态,多个矿山产能关停推出,中国钼厂商也达成减产协议,供给侧出现约束,钼价格逐渐出现反弹;2020年以后,新冠肺炎疫情肆虐,海外冶炼产能停滞,大量钼精矿涌入国内,钼价格再次出现回落;随着全球疫情得到控制,经济逐步向好,2021年钼价格再次飙升。

鉴于上述对我国铜资源全方位的SWOT分析,可以看出我国钼资源目前的状态和所面临的情况,据此可从优势、劣势、机会、威胁4个方面分别着手,做到充分发挥优势、尽量回避劣势、正确把握机会、争取克服威胁,为我国钼资源的供需平衡作出下一步规划。

7.5.2 钼矿资源安全策略

钼被广泛应用于钢铁、电子工业等领域,随着下游应用领域的不断发展,对钼金属的需求持续上涨。此外,钼作为一种"能源金属",随着其逐渐被应用于更广泛的下游领域,将进一步促进对钼金属的需求。为保障钼矿资源安全,可以从如下几个方面入手(姚公一,2015;王阳,2019):一是加快钼业的资源整合,提高国际竞争力;二是提高钼产品的科技含量,鼓励发展高科技产品的创新;三是加强钼资源战略储备管理;四是加大钼矿资源勘查投入力度,应继续加大对斑岩型-矽卡型等工业类型钼矿资源的勘查投入力度,建立更多可供开采的钼矿山资源基地。

第8章 萤石供需形势及供应安全评价

8.1 全球、中国萤石供需及贸易态势

8.1.1 全球萤石供需及贸易态势

1. 全球萤石资源情况

随着全球勘查力度的加大,萤石资源储量总体保持增长态势。根据美国地质调查局公布的数据,2021年全球萤石资源储量为3.20亿t,同比增长1.27%。2016—2021年全球萤石资源储量如图8-1所示。

图8-1 2016—2021年全球萤石资源储量

(资料来源:Mineral Commodity Summaries,2017—2022)

萤石资源主要分布于墨西哥、中国、南非、基石、西班牙、肯尼亚、美国、伊朗、摩洛哥等国家。根据美国地质调查局公布的数据,2021年南非萤石储量4100万t,位居全球首位,占全球总储量的15.77%;中国萤石储量4000万t,紧随其后,占全球总储量的15.38%;墨西哥萤石储量3200万t,占全球总储量的12.31%,三者合计占全球萤石总储量的43.46%。2021年全球萤石储量分布如图8-2所示。

2. 全球萤石资源生产状况

根据美国地质调查局公布的数据,2011—2021年间,全球萤石矿山产量呈现出先震荡下降后稳步提升的走势,峰谷点为2017年的593万t,2020年全球萤石矿山产量达到824万t,2021年全球萤石矿山产量预计将达到860万t。2011—2021年全球萤石矿山产量数据如图8-3所示。

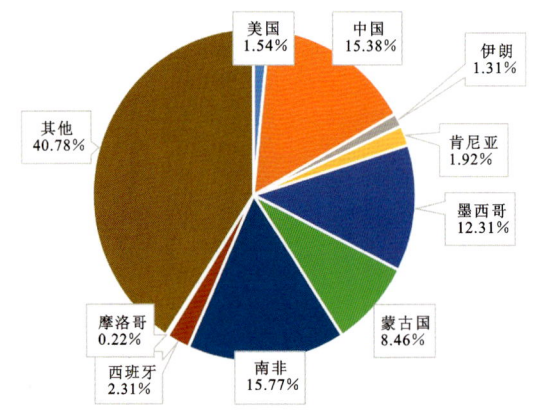

图 8-2　2021 年全球萤石资源储量分布

（资料来源：Mineral Commodity Summaries，2017—2022）

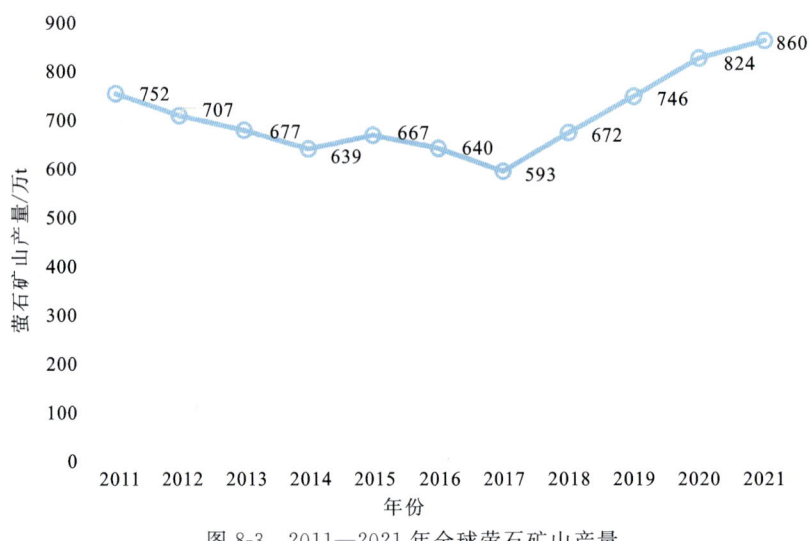

图 8-3　2011—2021 年全球萤石矿山产量

（资料来源：Mineral Commodity Summaries，2012—2022）

3. 全球萤石资源消费状况

2010—2020 年，全球萤石消费量呈现波动下降的趋势。2011 年，全球萤石消费量高达 973 万 t，2019 年全球萤石消费量出现大幅度增长，为 1304 万 t，2020 年，全球萤石消费量出现较大幅度的下降，减少至 835 万 t。2010—2020 年全球萤石消费变化情况如图 8-4 所示。

图 8-4　2010—2020 年全球萤石消费变化情况

（资料来源：Market Monitor Global）

4. 全球萤石资源贸易状况

2020年,全球萤石总进口量为155.09万t,进口总额6.51亿美元;全球总出口量为80.37万t,出口总额2.56亿美元。主要进口国家有美国、意大利、印度、德国、土耳其等。从萤石进口额来看,美国2020年萤石进口额度较高,达到了1.17亿美元,其余国家萤石进口额均不足1亿美元。

8.1.2 中国萤石供需及贸易态势

1. 中国萤石资源情况

萤石是我国战略性稀缺矿产,国内储采比严重低于世界平均水平。2021年中国萤石查明储量2.72亿t,与往年同期持平。中国萤石资源主要分布于江西、浙江、湖南、福建、安徽、河北等地。2010—2021年全国萤石矿物查明资源储量数据如图8-5所示。

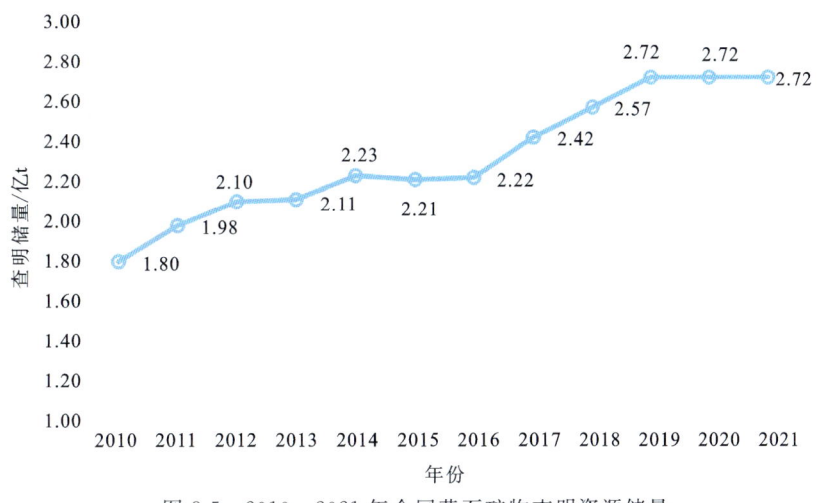

图 8-5　2010—2021年全国萤石矿物查明资源储量
(资料来源:《中国矿产资源报告(2011—2022)》)

2. 中国萤石资源生产状况

受益于萤石储量丰富,我国是世界最大的萤石生产国家,且近年来产量整体呈现增长态势。美国地质调查局公布的数据显示,2021年全球萤石产量约860万t,其中中国萤石产量540万t,占世界总产量的62.79%。2011年以来,我国萤石产量呈现出先震荡下降后稳步上升的走势,并在2017年达到峰谷的350万t,2017年之后萤石产量持续增长,尤其是2020年增长幅度达到了25.58%。2011—2021年全国萤石矿山产量如图8-6所示。

3. 中国萤石资源消费状况

近年来,随着我国水泥玻璃、炼铝、炼钢及氟化学等工业的迅速发展,萤石需求量有所增长。2010—2013年,我国萤石消费量呈现明显的上升走势,2014—2019年中国萤石消费量呈现波动上升趋势,2020年中国萤石静观消费量为495万t,同比增长14.58%。2010—2020年中国萤石表观消费变化具体情况如图8-7所示。

图 8-6　2011—2021 年全国萤石矿山产量

(资料来源:Mineral Commodity Summaries,2012—2022)

图 8-7　2010—2020 年中国萤石表观消费变化情况

(资料来源:卓创资讯)

4. 中国萤石资源贸易状况

2020 年,我国萤石进出口贸易额 1.91 亿美元,同比下降 26.82%;其中,进口额为 1.26 亿美元,同比增长 0.08%;出口额为 0.65 亿美元,同比下降 51.85%。

从市场供需整体来看,受优势资源减少、环保监管压力上升、开采成本增加及国家政策调整等因素影响,我国萤石产量并无明显增长,但需求量则不断增长,使得市场整体处于供不应求状态,从而导致国内萤石进口量大增。根据数据显示,2021 年我国萤石进口数量从 2016 年的 9.87 万 t 增长到了 66.8 万 t,出口数量从 2016 年的 37.55 万 t 下降到了 20.94 万 t。2016—2021 年中国萤石进出口数量如图 8-8 所示。

我国萤石进口主要源自世界萤石储量较为丰富的国家,如蒙古国、南非、墨西哥、尼日利亚等发展中国家。其中 2021 年从蒙古国进口萤石数量最多,为 47.3 万 t,占进口总量的 70.8%。2021 年中国萤石进口来源地及进口量如图 8-9 所示。

第 8 章　萤石供需形势及供应安全评价

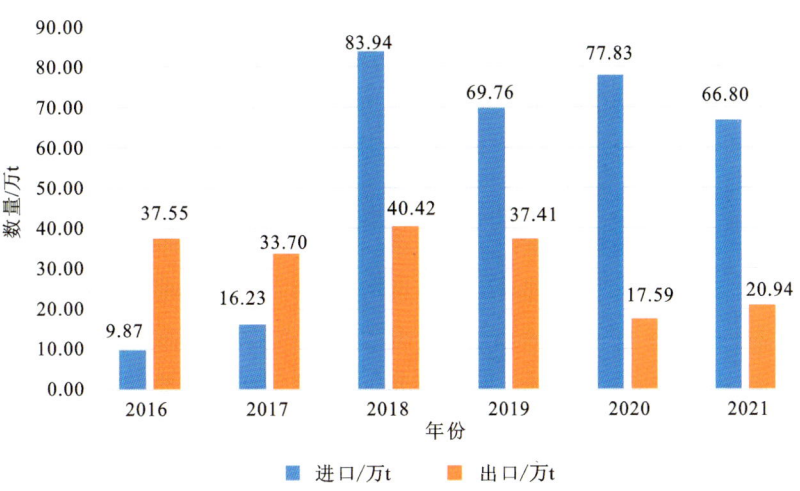

图 8-8　2016—2021 年我国萤石进出口数量

（资料来源：中国海关）

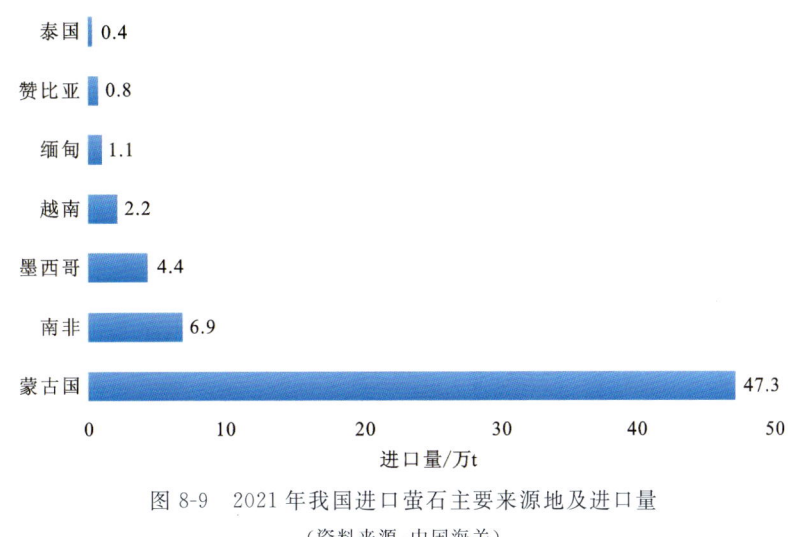

图 8-9　2021 年我国进口萤石主要来源地及进口量

（资料来源：中国海关）

8.2　萤石需求分析

萤石是稀缺性战略资源，是现代工业的重要矿物原料，广泛应用于关乎国计民生的诸多重要行业，既有新能源、新材料等新兴行业，也有制冷、建材、冶炼、光学、陶瓷、玻璃等传统行业，同时还有国防、电子、军工等具有重大战略意义的领域。

近年来随着我国氟化工、钢铁、铝冶炼，以及新材料和新能源等战略性新兴产业的快速发展，萤石产品的需求大大增加，目前我国是全球萤石的最大消费国。数据显示，2020 年中国萤石表观需求量达到 490.22 万 t，同比增长 6%。2014—2020 年间，我国萤石需求呈现波动上升的趋势。2014—2020 年我国萤石表观需求量变化具体情况如图 8-10 所示。

图 8-10 2014—2020 年我国萤石表观需求量变化情况

[资料来源:观研报告网.中国萤石行业发展趋势分析与未来投资研究报告(2022—2029)2022]

预计在"十四五"期间,我国氟化工产业升级加速,中高端含氟材料在新能源、新能源汽车、新兴信息、新医药、节能环保、航空航天等战略性新兴产业中的重要性日益凸显。随着我国氟化工行业的蓬勃发展,未来我国萤石资源缺口有所增大。对此有相关人士表示,我国应加强重点区域地质勘查工作,加强国内萤石资源找矿、勘查投入,增加萤石资源后备储量,保障我国经济发展对萤石资源的战略需求。

8.3 萤石供给预测

2012 年以来,河北省萤石年产矿石量呈现出震荡发展的态势,且震荡幅度较大,年产矿石量最多的为 2021 年的 16.29 万 t,年产矿石量最少的为 2015 年的 3.72 万 t,2021 年和 2015 年河北省萤石年产矿石量相差达到了 4.38 倍。2016 年以后,河北省萤石年产矿石量较 2015 年有较大幅度的提升,但是提升趋势并不稳定,呈震荡式发展。2012—2021 年河北省萤石资源年产矿石量数据如表 8-1 所示。

表 8-1 2012—2021 年河北省萤石资源年产矿石量

年份	2012	2013	2014	2015	2016	2017	2018	2019	2020	2021
普通萤石/万 t	14.22	8.67	6.58	3.72	7.44	6.45	11.62	10.1	10.69	16.29

采用 2012—2021 年间的河北省萤石资源年产矿石量数值为基础数据,运用 MATLAB 软件应用 BP 神经网络方法对河北省萤石资源年产矿石量做简单的预测,预测结果如表 8-2 所示。

表 8-2 河北省萤石资源年产矿石量预测

年份	2022	2023	2024	2025
普通萤石/万 t	13.93	12.13	14.11	14.52

从表 8-2 可以看到,应用 BP 神经网络方法预测得到的河北省萤石资源年产矿石量处于相对高位,且数值震荡幅度大幅减小。从整体上来看,未来河北省萤石资源年产矿石量处于相对稳定的高位时期,2012—2025 年萤石年产矿石量震荡呈现出振幅不断下降的走势。2012—2025 年萤石年产矿石量变化情况如图 8-11 所示。

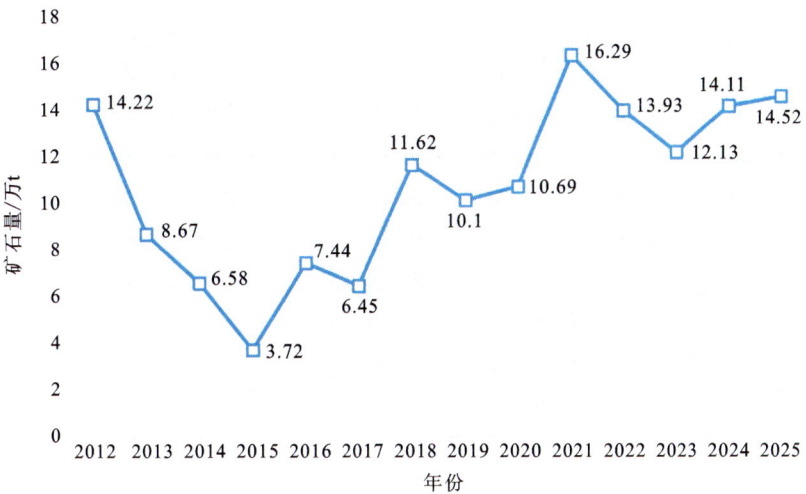

图 8-11　2012—2025 年萤石年产矿石量变化情况

8.4　萤石可供性分析

8.4.1　萤石资源赋存情况

根据《河北省矿产资源年报(2021)》公布的数据,2021 年河北省普通萤石资源量 763.496 万 t,比上年净减少 157.915 万 t,减少 17.14%。其中,开采及损失量 6.164 万 t,勘查减少 28.512 万 t,重算减少 123.239 万 t。2015 年河北省普通萤石保有资源储量为 577.864 万 t,到 2020 年河北省普通萤石保有资源储量增长至 921.411 万 t,2021 年萤石储量有所下滑,降至 763.496 万 t。2015—2021 年河北省普通萤石保有资源储量数据如表 8-3 所示。

表 8-3　2015—2021 年河北省普通萤石保有资源储量

年份	2015	2016	2017	2018	2019	2020	2021
普通萤石(矿石)/万 t	577.864	598.122	598.397	637.085	667.284	921.411	763.496

数据来源:《河北省矿产资源年报(2015—2021)》。

2015—2021 年河北省普通萤石保有资源储量变化情况如图 8-12 所示。

8.4.2　萤石开发利用情况

截至 2021 年底,河北省有普通萤石矿产地 62 处,保有资源量(CaF_2)763.496 万 t,占全国的 2.64%。其中已利用矿产地 59 处,保有资源量(CaF_2)741.992 万 t;未利用矿产地 3 处,保有资源量(CaF_2)21.504 万 t。

2012 年以来,河北省萤石年产矿石量呈现出震荡发展的态势,且震荡幅度较大,年产矿石量最多的为 2021 年的 16.29 万 t,年产矿石量最少的为 2015 年的 3.72 万 t,2012 年和 2015 年河北省萤石年产矿石量相差达到了 4.38 倍。2016 年以后,河北省萤石年产矿石量较 2015 年有较大幅度的提升,但是提升趋势并不稳定,呈震荡式发展。

图 8-12 2015—2021 年河北省普通萤石保有资源储量变化情况

（数据来源：《河北省矿产资源年报（2015—2021）》）

8.4.3 萤石贸易情况

根据中国海关公布的数据，2015—2021 年河北省萤石进出口呈现出震荡的发展态势，且萤石进口以按重量计氟化钙含量≤97％的萤石（商品编码：25292100）为主，出口则兼有按重量计氟化钙含量≤97％的萤石（商品编码：25292100）和按重量计氟化钙含量＞97％的萤石（商品编码：25292200）。2015—2021 年河北省萤石进出口数量和金额如表 8-4 所示。

表 8-4 2015—2021 年河北省萤石进出口数量和金额

年份	按重量计氟化钙含量≤97％的萤石				按重量计氟化钙含量＞97％的萤石	
	进口		出口		出口	
	数量/t	金额/万美元	数量/t	金额/万美元	数量/t	金额/万美元
2015	301.74	32.54	67.50	18.85	23.50	7.39
2016	0	0	22.50	6.54	0	0
2017	0	0	0	0	24.49	8.14
2018	0	0	0	0	0	0
2019	1 148.40	113.36	0	0	0	0
2020	1 861.48	120.51	0	0	3.18	1.31
2021	352.85	50.88	90.90	50.68	0	0

资料来源：中国海关。

从表 8-4 可以看到，2015 年河北省进口按重量计氟化钙含量≤97％的萤石 301.74t，金额为 32.54 万元，2016—2018 年无进口萤石记录，2019 年河北省按重量计氟化钙含量≤97％的萤石进口量突增至 1 148.40t，进口金额 113.36 万元，2020 年继续增长至 1 861.48t，进口金额也增至 120.51 万元，2021 年

第8章 萤石供需形势及供应安全评价

河北省按重量计氟化钙含量≤97%的萤石进口量下降明显,下降为 352.85t,进口金额降至 50.88 万元。出口方面按重量计氟化钙含量≤97%的萤石仅在 2015 年和 2016 年有出口记录,分别出口 67.50t 和 22.50t,出口金额分别为 18.85 万元和 6.54 万元;按重量计氟化钙含量＞97%的萤石出口则分别位于 2015 年、2017 年和 2020 年,出口数量分别为 23.50t、24.49t 和 3.18t,出口金额分别为 7.39 万元、8.14 万元和 1.31 万元。

8.4.4 萤石资源储备情况

根据河北省战略性矿产储量统计结果与储量年报表,河北省萤石产地总数为 61(62)个,其中已利用矿产地 57(59)个,未利用矿产地 4(3)个,储备矿产地 2 个;河北省萤石矿储备资源量为 47.7 万 t。河北省萤石储量与储备矿产地数据如表 8-5 所示。

表 8-5 河北省萤石储量统计与储量年报对比

数据来源	矿产地数/个	已利用矿产地/个	未利用矿产地/个	储备资源量/万 t
储备情况	61	57	4	47.7
储量表	62	59	3	

2021 年河北省萤石资源设计采矿能力 150 万 t/a,实际采矿能力 13.15 万 t/a。

8.4.5 萤石可供性评价

根据《中国矿产资源报告 2011—2022》的数据,2010—2021 年间中国萤石矿物查明资源储量整体保持稳定增长的态势,从 2010 年的 1.80 亿 t 增长到了 2021 年的 2.72 亿 t,增长了 1.52 倍,年均增长率为 8.76%。2011 年以来,我国萤石产量呈现出先震荡下降后稳步上升的走势,并在 2017 年达到峰谷的 350 万 t,2017 年之后萤石产量持续增长。

2010—2013 年,我国萤石消费量呈现明显的上升走势,2014—2019 年我国萤石消费量呈现波动上升趋势,2020 年我国萤石静观消费量为 495 万 t,同比增长 14.58%,2010—2020 年间,中国萤石消费量年平均增速为 9.43%。

2021 年我国萤石产量 540 万 t,占世界总产量的 62.79%;2011—2020 年间,中国萤石消费量年平均增速为 3.15%,略高于同期萤石生产量的年平均增长速度(2.40%)。

河北省萤石产量近十年来波动较大,最大产量与最小产量差距达 2.82 倍,预测 2021—2025 年河北省年均萤石产量在 10 万 t 左右浮动。

概括来讲,中国萤石消费量和产量未来保持持续增长,且萤石消费量增长大于产量增长的可能性极大,即未来国内萤石自给率有可能进一步下降。为满足萤石的市场需求,扩大萤石进口数量和增加自有萤石产量成为必然的选择,而增加进口数量需要特别注意诸如巴基斯坦突然增长的萤石需求和国际萤石市场抢夺。就河北省而言,当前年产萤石矿石量约占保有资源储量的 1% 左右,增长的空间较大,因此,可以在环境、政策等满足的前提下,根据具体市场情况适度扩大产能,增加一定的萤石矿的生产数量。

8.5 萤石供应安全分析

8.5.1 萤石 SWOT 分析

从储量、产量、消费量、贸易、供需等多个维度,全球和中国两个视角对萤石资源进行 SWOT 分析,如图 8-13 所示。

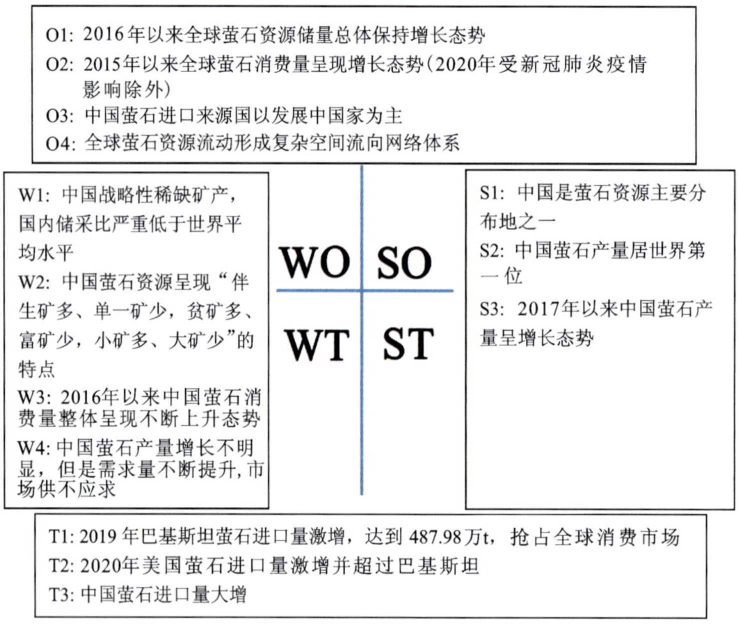

```
O1: 2016年以来全球萤石资源储量总体保持增长态势
O2: 2015年以来全球萤石消费量呈现增长态势(2020年受新冠肺炎疫情
    影响除外)
O3: 中国萤石进口来源国以发展中国家为主
O4: 全球萤石资源流动形成复杂空间流向网络体系
```

WO	SO
WT	ST

W1: 中国战略性稀缺矿产,国内储采比严重低于世界平均水平
W2: 中国萤石资源呈现"伴生矿多、单一矿少,贫矿多、富矿少,小矿多、大矿少"的特点
W3: 2016年以来中国萤石消费量整体呈现不断上升态势
W4: 中国萤石产量增长不明显,但是需求量不断提升,市场供不应求

S1: 中国是萤石资源主要分布地之一
S2: 中国萤石产量居世界第一位
S3: 2017年以来中国萤石产量呈增长态势

T1: 2019 年巴基斯坦萤石进口量激增,达到 487.98 万 t,抢占全球消费市场
T2: 2020年美国萤石进口量激增并超过巴基斯坦
T3: 中国萤石进口量大增

图 8-13 萤石资源 SWOT 分析

鉴于对我国萤石资源全方位的 SWOT 分析,可以看出我国萤石资源目前的状态和所面临的情况,据此可从优势、劣势、机会、威胁 4 个方面分别着手,做到充分发挥优势、尽量回避劣势、正确把握机会、争取克服威胁,为我国萤石资源的供需平衡做出下一步规划。

从整体上来看,中国虽然是全球主要的萤石资源分布地之一,且萤石产量位居世界第一位,但是激增的市场需求和国内不明显的产量增长,促使中国对萤石的进口量不断提升,而在国际市场上,巴基斯坦、美国 2019 年和 2020 年来连续激增的萤石进口量,也对中国萤石进口产生了巨大的挑战。利好的消息是,中国萤石进口来源国以发展中国家为主,与发展中国家良好的国际关系,是市场安全的有力保障。

8.5.2 萤石资源安全策略

目前我国萤石供需形势较为严峻。从供应端来看,我国目前萤石存在过度开采现象,同时受近年来环境保护政策影响,萤石开采门槛进一步上升。需求端方面,目前含氟材料应用范围愈发广泛,需求不断增加。同时,进出口情况由于供需变化也随之发生转变。为保障萤石工业供应,需要"开源节流"。从

第 8 章 萤石供需形势及供应安全评价

供给端来看,应当规范萤石开采,同时提高探矿能力;需求端应开发新型无氟材料,减少氟依赖;同时应建立健全回收再利用机制。这样才能避免未来新能源行业无"氟"消受的尴尬局面[①]。构建具体安全的萤石资源策略可以从如下几个方面入手[②]:一是科学规划,加强萤石资源开发利用区域评价,合理布局资源供给区域;二是加强重点区域地质勘查工作,摸清萤石资源家底,保障资源续接;三是积极推进科技进步,优先发展伴生矿和磷肥副产氟资源的开发利用;四是进一步提高萤石行业准入标准。

---

① 前瞻产业研究院.中国萤石行业市场前瞻与投资战略规划分析报告[R].2022.https://www.qianzhan.com.
② 国内萤石(氟化钙)资源现状及可持续发展对策[EB/OL].http://www.fuhuagai.com/show.asp?id=55.

第9章 石墨供需形势及供应安全评价

9.1 全球、中国石墨供需及贸易态势

9.1.1 全球石墨供需态势

1. 全球石墨资源情况

根据美国地质调查局公布的数据,2010—2021年全球石墨资源储量整体上呈现出震荡增长的态势,从2010年的0.71亿t,增长到2021年的3.2亿t,增长了3.5倍,年均增长率为14.67%。2010—2021年全球石墨资源储量如图9-1所示。

图9-1 2010—2021年全球石墨资源储量

(资料来源:USGS.《Mineral Commodity Summaries 2022》.U. S. Geological Survey,2022.)

全球石墨资源主要分布在土耳其、中国、巴西等国家。其中,中国石墨资源储量为7300万吨,占全球总储量的22.8%。2020年全球天然石墨矿储量分布如图9-2所示。

2. 全球石墨资源生产状况

根据美国地质调查局公布的数据,近几年全球天然石墨产量处于整体相对稳定但伴随有震荡微降的态势,2015年全球天然石墨产量119万t,到2021年下降为100万t,6年间下降了15.97%。2015—2021年全球天然石墨产量及增长状况如图9-3所示。

根据美国地质调查局的数据,2020年全球石墨总产量为96.6万t,其中,中国是全球最大的石墨生产国,2020年中国石墨产量为76.2万t,占全球石墨总产量的78.88%;巴西2020年石墨产量为6.36万t,占全球石墨总产量的6.58%。2020年全球石墨产量分布如图9-4所示。

第9章 石墨供需形势及供应安全评价

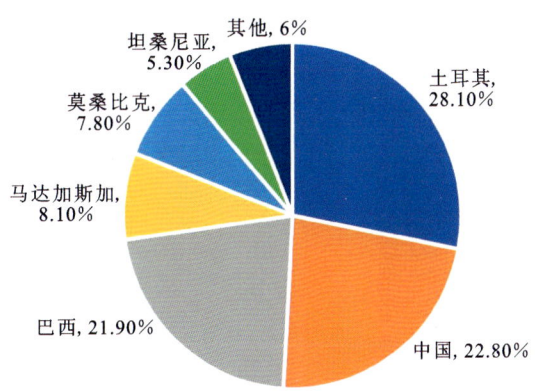

图 9-2 2020 年全球天然石墨矿储量分布
(资料来源:Mineral Commodity Summaries,2021)

图 9-3 2015—2021 年全球天然石墨产量及增速情况
(资料来源:Mineral Commodity Summaries,2016—2022)

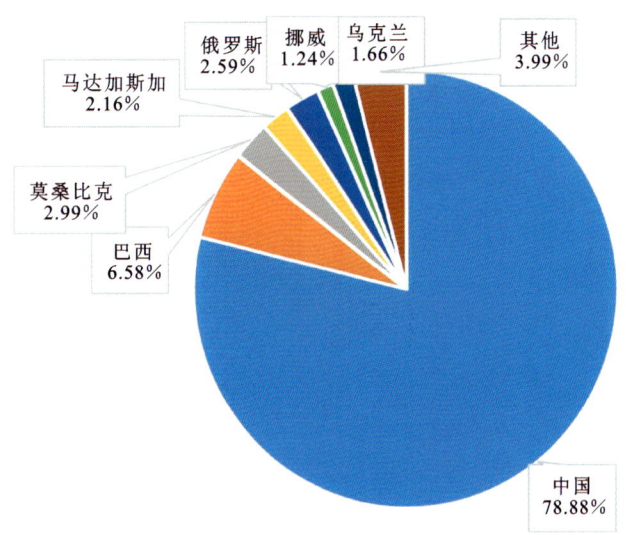

图 9-4 2015—2021 年全球天然石墨产量
(资料来源:Mineral Commodity Summaries,2016—2022)

3. 全球石墨资源消费状况

全球石墨消费在地域上主要分布于欧洲、北美洲、亚洲等地区,主要集中在中国、日本、韩国、印度、加拿大、巴西、美国等国家。2018 年,全球石墨消费量居前三的国家为中国(消费量 101.85 万 t,占比 59.9%)、日本(消费量 9.05 万 t,占比 5.3%)、印度(消费量 7.74 万 t,占比 4.6%)。2018 年全球石墨消费分布如图 9-5 所示。

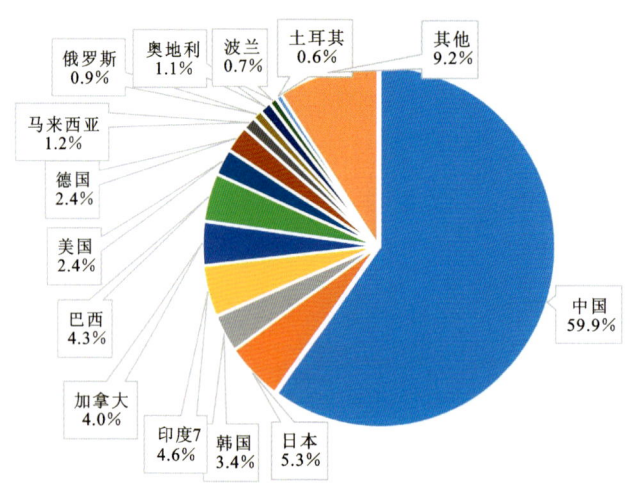

图 9-5　2018 年全球石墨消费分布

(资料来源:美国消费数据来自 USGS,其余国家消费量为表观消费量)

4. 全球石墨资源贸易状况

全球进口天然石墨的国家和地区有 100 个,出口天然石墨的国家约有 65 个。其中,中国、巴西等发展中国家主要出口原矿与低品位矿石等石墨初级产品,而美国、日本、德国和韩国等发达国家,主要将进口的初级产品深加工成精矿、高纯石墨、氟化石墨等石墨高端产品用以自用与出口。目前,全球已基本形成了以中国、莫桑比克、马达加斯加和巴西等少数国家为主要供应方,以日本、加拿大、美国、德国、韩国、印度、马来西亚等国家为主要需求方的贸易格局。

9.1.2　中国石墨供需态势

1. 中国石墨资源情况

中国石墨资源分布呈现东多西少之势。其中,大型晶质石墨矿床主要分布在黑龙江、内蒙古、山东、河南、四川等省份,其中黑龙江晶质石墨矿石储量占比为 47%,是最大的晶质石墨矿石资源分布区。内蒙古储量占比为 19%。黑龙江、内蒙古两省(区)占全国储量的 66%。我国晶质石墨矿分省市储量占比情况如图 9-6 所示。

2021 年我国晶质石墨储量为 5.29 亿 t,与 2020 年持平。2010—2021 年间,我国晶质石墨储量呈现出稳定增长的态势,从 2010 年的 1.85 亿 t 增长到 2021 年的 2.29 亿 t,增长了 1.86 倍,年均增长率为 10.02%。2010—2021 年我国晶质石墨储量及增速如图 9-7 所示。

第9章 石墨供需形势及供应安全评价

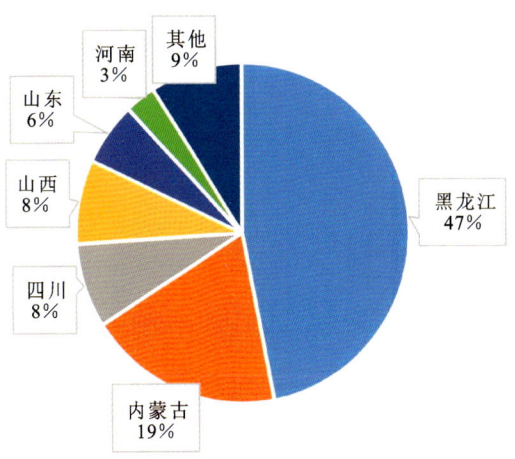

图 9-6 我国晶质石墨矿分省市储量占比情况

(资料来源:华经情报网. 中国天然石墨储量、产量、进出口量分析. https://baijiahao.baidu.com/s?id=1721273768284961048&wfr=spider&for=pc)

图 9-7 2010—2021 年我国石墨矿储量及增速情况

(资料来源:中国矿产资源报告 2011—2022)

2. 中国石墨资源生产状况

根据美国地质调查局的数据,2016—2021 年间中国天然石墨产量呈现出先降后升的走势,在 2017 年达到峰谷(62.5 万 t),在 2021 年达到峰值(82.0 万 t)。2015—2021 年中国天然石墨产量及增长情况如图 9-8 所示。

3. 中国石墨资源消费状况

近年来,新能源汽车和电子行业等一系列新兴产业的发展,使得石墨的用途、市场供需、产品种类等发生了明显的变化,越来越多的资金也逐渐投入到石墨产业中来,新上了一大批新开发项目,形成了新一轮石墨产业发展势头。2015—2020 年我国天然石墨表观消费量如图 9-9 所示。

4. 中国石墨资源贸易状况

根据中国海关数据,2020 年中国天然石墨主要进口国家(或地区)有英国、马达加斯加和韩国等。

图 9-8　2015—2021 年中国天然石墨产量及增长情况

(资料来源：Mineral Commodity Summaries,2016—2022)

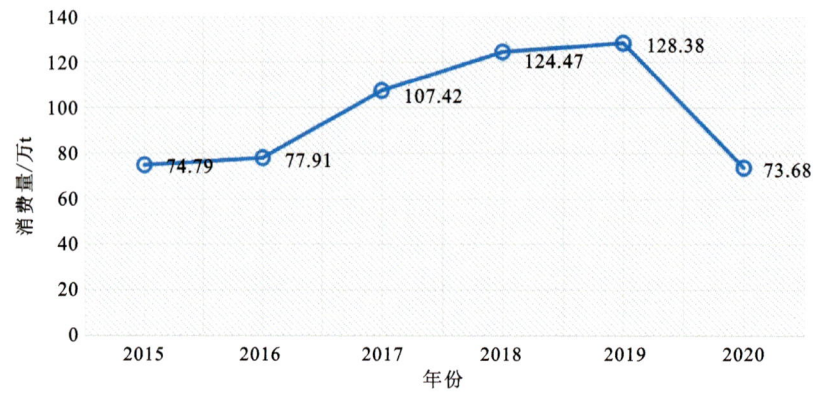

图 9-9　2015—2020 年我国天然石墨表观消费量

(资料来源：智研咨询. 2020 年中国石墨行业供需分析. https://baijiahao. baidu. com/s? id=17130178531389965356&wfr=spider&for=pc)

其中从韩国进口数量为 360t，占天然石墨的 58%。2021 年中国进口天然石墨来源地及比重如图 9-10 所示。

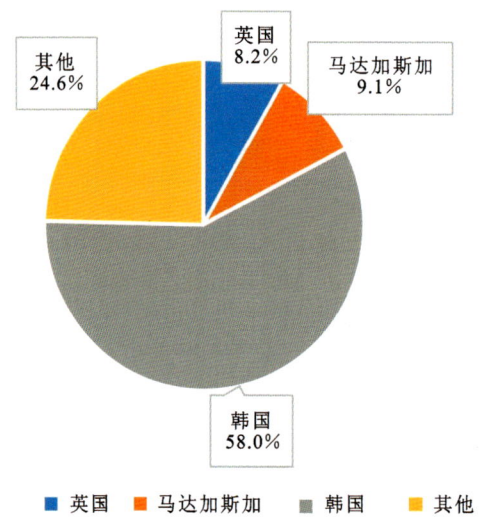

图 9-10　2021 年中国进口天然石墨来源地及比重

(资料来源：中国海关)

2015—2020 年我国天然石墨进出口数据如图 9-11 所示。

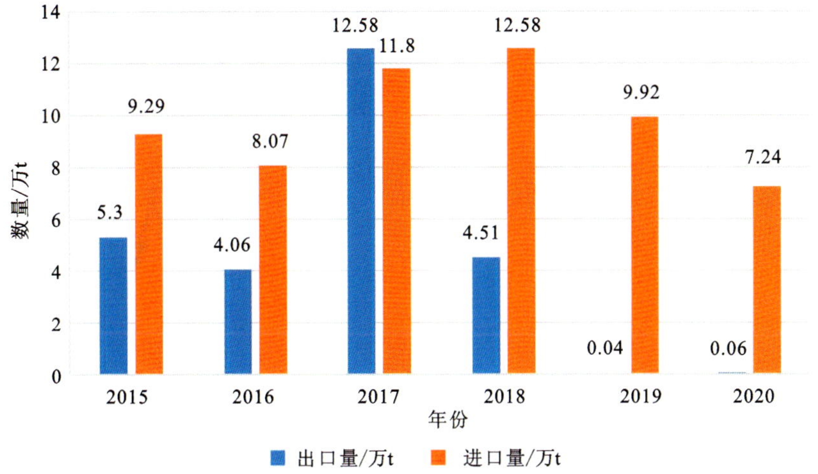

图 9-11 2015—2020 年我国天然石墨进出口量

(资料来源：中国海关,华经产业研究院)

9.2 石墨需求分析

全球石墨资源以中国、莫桑比克、巴西、马达加斯加、印度为主要供应方,以中国、日本、印度、巴西、加拿大、韩国、德国、美国等国家为主要消费方。马达加斯加和莫桑比克等非洲国家石墨产量的突起,将使全球石墨供需格局发生一定的变化。此外,随着传统产业消费增速的趋缓、战略性新兴领域消费快速增加的全球石墨消费结构升级,全球高端石墨产业发展将面临重大的机遇。

我国是全球石墨主要的生产、消费和进出口贸易国,在全球石墨资源领域占有重要地位。我国是石墨资源大国,但并非石墨资源强国。我国石墨制品以低端产品为主,而石墨深加工产品较少。未来应持续加大石墨终端产品加工,提升获取高增加值能力。我国现已开采的晶质石墨矿山 60% 以上的地表风化易采、易选矿石都已基本采完,原矿石墨含量虽然高,但是选矿难度增大,选矿成本增加,从而造成原矿暂时难以利用的状况。

9.3 石墨供给预测

2012—2018 年间河北省石墨资源年产矿石量数值呈现出剧烈波动的态势,石墨资源年产矿石量在 2015 年达到最高的 15.71 万 t,在 2017 年为产量最低的 1.88 万 t,两者相差了 7.36 倍。2012—2021 年河北省石墨资源年产矿石量数据如表 9-1 所示。

表 9-1 2012—2021 年河北省石墨资源年产矿石量

年份	2012	2013	2014	2015	2016	2017	2018	2019	2020	2021
年产矿石量/万 t	8.44	5.59	11.9	15.71	8.59	1.88	11.89	17.87	8.94	5.98

采用 2012—2021 年间的河北省石墨资源年产矿石量数值为基础数据,运用 MATLAB 软件应用 BP 神经网络方法对河北省石墨资源年产矿石量做简单的预测,预测结果如表 9-2 所示。

表 9-2　河北省石墨资源年产矿石量预测

年份	2022	2023	2024	2025
年产矿石量/万 t	15.05	16.52	7.07	6.47

从表 9-2 可以看到,采用 2012—2021 年间的河北省石墨资源年产矿石量数值应用 BP 神经网络方法进行石墨资源年产矿石量预测时,预测结果数值呈现剧烈震荡的态势。究其原因,应用 BP 神经网络方法进行数值预测受基础数据的影响较大,而 2012—2021 年间河北省石墨年产矿石量数值呈现出周期性的剧烈震荡走势。2012—2025 年石墨年产矿石量变化情况如图 9-12 所示。

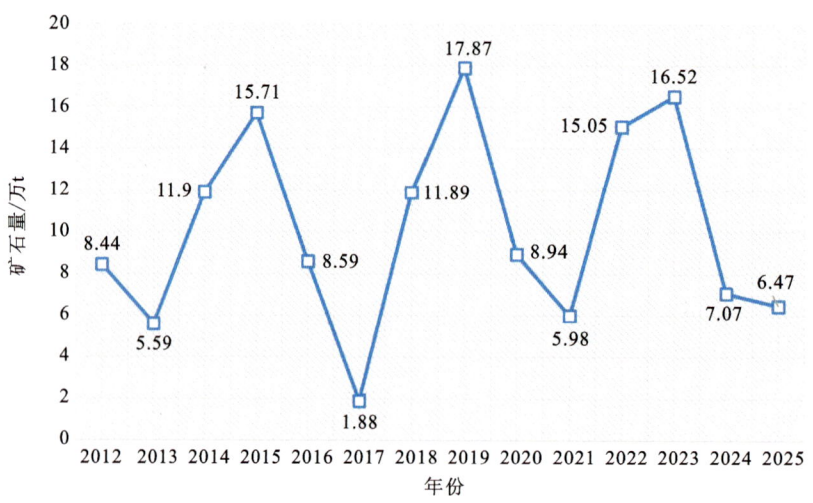

图 9-12　2012—2025 年石墨年产矿石量变化情况

9.4　石墨可供性分析

9.4.1　石墨资源赋存情况

河北省石墨保有资源储量数值在 2014—2018 年保持在 45 万~47 万 t 左右,2019 年起,河北省石墨保有资源储量超过 62 万 t。2014—2021 年河北省石墨保有资源储量数据如表 9-3 所示。

表 9-3　河北省石墨(晶质石墨)保有资源储量

年份	2014	2015	2016	2017	2018	2019	2020	2021
石墨/万 t	47.042	46.317	46.103	46.053	45.706	62.663	62.287	62.287

数据来源:《河北省矿产资源年报(2015—2021)》。

9.4.2　石墨开发利用情况

截至 2021 年底,河北省石墨(晶质)矿产地 7 处,保有资源量(晶质石墨)62.287 万 t,占全国的 0.10%。其中已利用矿产地 4 处,保有资源量(晶质石墨)51.384 万 t;未利用矿产地 3 处,保有资源量(晶质石墨)10.903 万 t。

2012—2021年间河北省石墨年产矿石量呈波动程度较大的态势,石墨资源年产矿石量在2015年达到最高的15.71万t,在2017年为产量最低的1.88万t,两者相差了7.36倍。

9.4.3 石墨贸易情况

根据中国海关公布的数据,河北省石墨资源的进出口以鳞片天然石墨(商品编码:25041010)、其他粉末或粉片天然石墨(商品编码:25041099)、天然石墨(粉末或粉片除外)(商品编码:25049000)为主,其中又以其他粉末或粉片天然石墨(商品编码:25041099)的交易数量和金额更大。2015—2021年河北省鳞片天然石墨进出口数量和金额如表9-4所示。

表9-4 2015—2021年河北省鳞片天然石墨进出口数量和金额

年份	进口		出口	
	数量/t	金额/万元	数量/t	金额/万元
2—015	0.21	0.87	253.10	133.24
2016	2.03	3.05	213.36	90.54
2017	0	0	487.57	201.97
2018	0	0	215.23	103.27
2019	0	0	279.05	219.49
2020	0.50	0.55	1 344.99	4 533.70
2021	0	0	2 427.61	1 971.66

资料来源:中国海关。

从表9-4可以看到,河北省天然鳞片石墨进口主要集中于2015年、2016年和2020年,其进口数量和金额分别为2015年0.21t、0.87万元,2016年2.03t、3.05万元,2020年0.50t、0.55万元。河北省天然鳞片石墨出口方面,2015—2021年呈现出震荡的态势,2020年和2021年增长明显,2020年之前出口数量最多的为2017年的487.57t,2020年出口数量增长至1 344.99t,比2017年增长了1.76倍,比2019年的279.05t增长了3.82倍;2021年出口数量继续增长了80.49%。出口金额维度,出口金额最多的是2020年的4 533.70万元,需要注意的是,2021年河北省天然鳞片石墨出口数量增长了80.49%,但是出口金额反而下降了56.51%,说明天然鳞片石墨价格有明显下降。

2015—2021年河北省其他粉末或粉片天然石墨(商品编码:25041099)进出口数量和金额如表9-5所示。

表9-5 2015—2021年河北省其他粉末或粉片天然石墨进出口数量和金额

年份	进口		出口	
	数量/t	金额/万元	数量/t	金额/万元
2015	156.61	24.59	161.00	50.44
2016	254.56	100.49	190.50	58.14
2017	34.03	91.62	127.00	36.12
2018	23.57	88.36	188.00	34.55
2019	23.33	78.41	312.00	60.53
2020	48.72	103.90	279.00	54.17
2021	13.37	55.86	905.25	198.82

资料来源:中国海关。

从表 9-5 可以看到,河北省自 2015 年和 2016 年进口其他粉末或粉片天然石墨(商品编码:25041099)数量较大,分别为 156.61t 和 254.56t,2017 年之后其他粉末或粉片天然石墨(商品编码:25041099)的进口数量下降明显,2017—2021 年该商品的进口数量均未超过 50t,2021 年更是下降到 13.37t 的低位点,同时也看到 2017 年以后其他粉末或粉片天然石墨(商品编码:25041099)价格较 2016 年之前有比较明显的增长。其他粉末或粉片天然石墨(商品编码:25041099)的出口方面,2015—2020 年数量在 160~320t 区间浮动,2021 年出口数量增长至 905.25t,较 2020 年增长了 2.24 倍,出口金额增长了 2.67 倍,说明其他粉末或粉片天然石墨(商品编码:25041099)的价格有所增长。2015—2021 年河北省其他粉末或粉片天然石墨(商品编码:25041099)进出口数量和金额变化情况如图 9-13 所示。

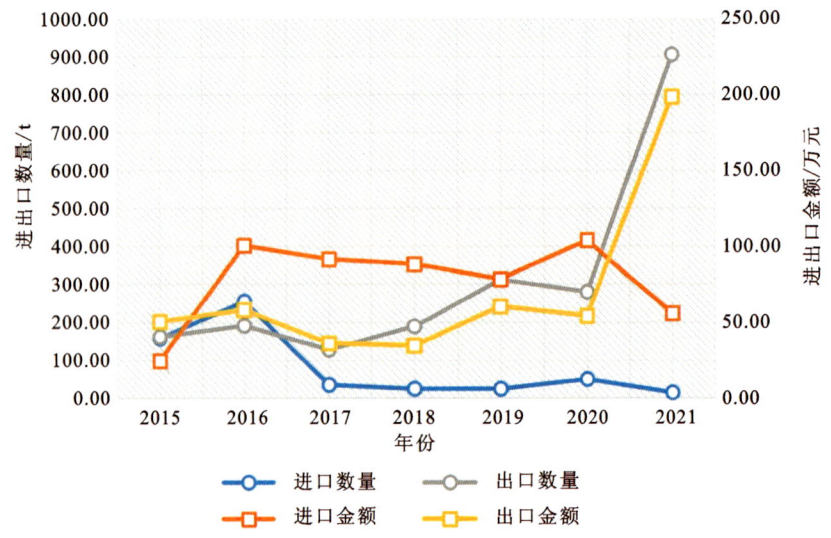

图 9-13　2015—2021 年河北省其他粉末或粉片天然石墨出口数量和金额变化情况

(资料来源:中国海关)

2015—2021 年河北省天然石墨(粉末或粉片除外)(商品编码:25049000)进出口数量和金额数据如表 9-6 所示。

表 9-6　2015—2021 年河北省天然石墨(粉末或粉片除外)进出口数量和金额

年份	进口		出口	
	进口数量/t	进口金额/万元	进口数量/t	进口金额/万元
2015	3091.34	285.45	180.00	53.49
2016	49.98	0.55	0.10	0.28
2017	61.91	2.01	0.00	0.00
2018	0	0	606.00	99.80
2019	0	0	174.00	27.28
2020	0	0	110.00	19.56
2021	0	0	554.10	160.22

资料来源:中国海关。

从表 9-6 可以看到,河北省进口天然石墨(粉末或粉片除外)主要集中于 2015—2017 年,3 年间进口数量和金额分别为:2015 年 3.91.34t、285.45 万元,2016 年 49.98t、0.55 万元,2017 年 61.91t、2.01 万元;河北省天然石墨(粉末或粉片除外)的出口在 2018 年达到峰值点,出口数量为 606.00t,出口金额最大的为 2021 年的 160.22 万元。2015—2021 年河北省天然石墨(粉末或粉片除外)(商品编码:

25049000)进出口数量和金额变化情况如图 9-14 所示。

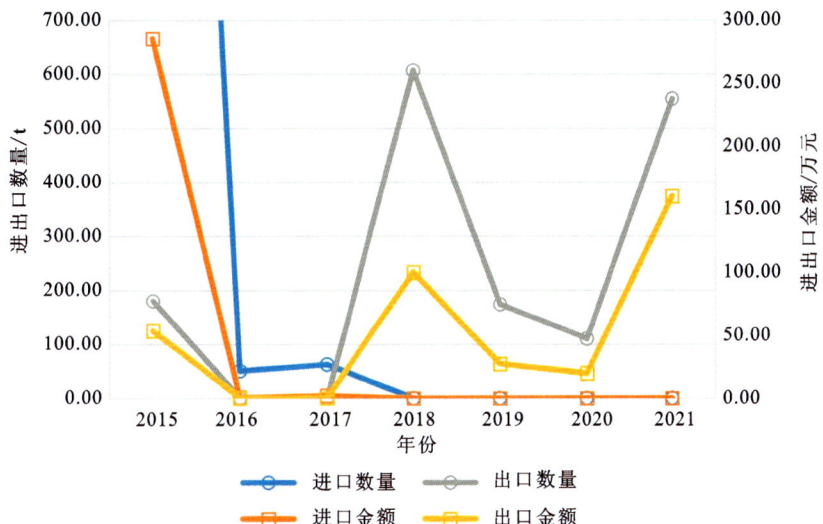

图 9-14　2015—2021 年河北省天然石墨(粉末或粉片除外)进出口数量和金额变化情况
(资料来源:中国海关)

从总体上来看,河北省鳞片天然石墨(商品编码:25041010)的出口量明显大于进口量;其他粉末或粉片天然石墨(商品编码:25041099)在 2015 年和 2016 年进出口数量基本持平,而自 2017 年起,伴随着进口数量的持续下降和出口数量的稳步增长,出口数量对进口数量的差额越来越大,到 2021 年出口数量已经比进口数量多了近 900t;天然石墨(粉末或粉片除外)(商品编码:25049000)在 2015—2017 年呈现出明显的进口大于出口的态势,而到 2018 年之后,进口数量骤减为 0,出口数量则呈现震荡增长的态势。

9.4.4　石墨资源储备情况

根据河北省战略性矿产储量年报表,河北省石墨产地总数为 7 个,其中已利用矿产地 4 个,未利用矿产地 3 个,储备矿产地 0 个。河北省石墨储量和储备矿产地具体数据如表 9-7 所示。

表 9-7　河北省石墨储量和储备矿产地

	矿产地数/个	已利用矿产地/个	未利用矿产地/个	储备资源量/t
储量表	7	4	3	0
储备情况	0	0	0	0

2021 年河北省石墨资源设计采矿能力为 39.00 万 t/a,实际采矿能力为 16.94 万 t/a。

9.4.5　石墨可供性评价

2017—2021 年,中国天然石墨产量呈现出持续增长态势,从 2017 年的 62.5 万 t 增长到了 2021 年的 82.0 万 t,增长了 31.2%,年均增长率为 7.02%。

2018 年,中国石墨消费量为 101.85 万 t,占全球石墨消费总量的比例为 59.9%,2015—2019 年,中国天然石墨表观消费呈现明显的增长态势,从 2015 年的 74.49 万 t,增长到 2019 年的 128.38 万 t,增长了 71.65%,年均增长率为 14.46%,2020 年中国天然石墨表观消费量下降至 73.68 万 t,下降了 42.61%。

河北省石墨保有资源储量数值在 2012 年增长巨大,达到了 1 464.443 万 t,较 2010 年的 701.495 万 t 增长了 108.76%,较 2011 年的 941.167 万 t 增长了 55.60%;2012—2019 年河北省石墨保有资源储量稳定在 1400 万～1500 万 t 区间。2012—2018 年间河北省石墨资源年产矿石量数值呈现出剧烈波动的态势,石墨资源年产矿石量在 2015 年达到最高的 15.71 万 t,在 2017 年为产量最低的 1.88 万 t,两者相差了 7.36 倍。

总体来看,全球石墨资源以中国、莫桑比克、巴西、马达加斯加、印度为主要供应方,以中国、日本、印度、巴西、加拿大、韩国、德国、美国等国家为主要消费方。随着马达加斯加和莫桑比克等非洲国家石墨产量的突起,全球石墨供需格局未来持续变动的可能性增长,全球石墨供应能力有希望提升。中国是全球石墨主要的生产、消费和进出口贸易国,在全球石墨资源领域占有重要地位,当前中国石墨资源消费年均增长率(2015—2019 年,为 14.46%;2017—2019 年,为 9.32%)要大于石墨生产的年均增长率(2017—2021 年,7.02%;2017—2019 年,为 5.83%)。河北省石墨储量在全国排名相对较高,但是石墨产量不稳定、跳跃幅度较大,未来在国家整体石墨市场消费增长大于生产增长的情况下,河北省可以在稳定石墨生产数量的基础上,充分考虑到石墨矿山地表风化易采、易选矿石已基本采完,选矿难度增大、选矿成本增加等状况,提前谋划,增强石墨资源的勘探力度,保障含量高的原矿石墨的保有资源储量和产能。

9.5 石墨资源安全分析

9.5.1 石墨 SWOT 分析

从储量、产量、消费量、贸易、供需等多个维度,全球和中国两个视角对萤石资源进行 SWOT 分析如图 9-15 所示。

鉴于上述对我国石墨资源全方位的 SWOT 分析,可以看出我国石墨资源目前的状态和所面临的情况,据此可从优势、劣势、机会、威胁 4 个方面分别着手,做到充分发挥优势、尽量回避劣势、正确把握机会、争取克服威胁,为我国石墨资源的供需平衡做出下一步规划。

从整体上来看,中国是全球主要的石墨资源分布地、生产地和消费地,其储量和产量均保持增长态势;同时,中国又是全球最大的石墨消费国,占到了全球的近 60%;此外,从总体上来看,中国石墨进口量要超过出口量,因此,为保证石墨资源安全,中国还应关注国际贸易市场,石墨出品国多达 65 个,为保持多方贸易合作奠定了良好的基础;最后,中国以出口原矿与低品位矿石等石墨初级产品为主,石墨深加工产品较少的问题也应当给予关注。

9.5.2 石墨资源安全策略

一是优化石墨资源开发利用的体系。我国已探明石墨矿储量大,当前应优化勘探资源,划定重点探矿区域,重点加强大型—超大型优质石墨矿产的找矿勘查力度;加快石墨产业供给侧结构性改革速度,加快淘汰落后产能,限制中小型产能,整合优质资源,优先支持大型石墨企业发展,积极培育龙头企业。

第9章 石墨供需形势及供应安全评价

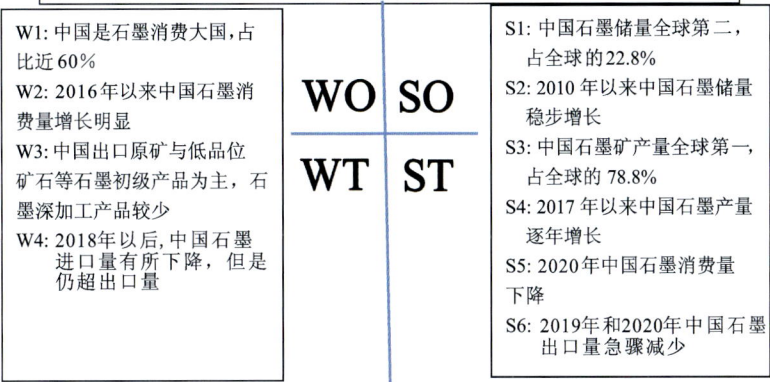

图 9-15 石墨资源 SWOT 分析

二是设置合理的开采规模。科学地对石墨开采规模进行规划，通过采取保护性开采措施，并对石墨储比率进行合理确定，有效地避免石墨资源过度开采现象的发生。

三是加强监督管理，限制低端石墨产品出口。制定石墨采选企业资源回收率、产量、环保等的监督管理制度，监督企业按照工业和信息化部制定的《石墨行业规范条件》等合规运行；适时提高采选企业准入门槛，制定限制低端石墨产品产能、产量发展制度及方法；出台限制低端石墨产品出口政策。

四是促进深加工产品发展。以石墨精深加工为产业链中心，以重点石墨企业、大型科研机构为依托，制定中长期石墨产业链供应链技术创新路线图。重点布局新能源材料制备技术、高性能锂氟电池制备技术、生物医药石墨材料制备技术、大鳞片石墨高效回收技术、低污染石墨提纯技术等重点专项及工程（孙传尧，2022）。

第 10 章　综合评价结论

10.1　煤　炭

在正常情形下,2025 年、2030 年河北省煤炭消费总量预计分别为 2.76 亿 t、2.74 亿 t 标准煤(换算成原煤分别为 3.87 亿 t、3.84 亿 t),考虑"双碳"目标的约束,2025 年、2030 年最低消费量预计分别为 2.54 亿 t、2.18 亿 t 标准煤(换算成原煤分别为 3.55 亿 t、3.06 亿 t)。

在煤炭供给方面,按照《河北省矿产资源总体规划(2021—2025 年)》的预期指标值,2025 年、2030 年煤炭产量均在 4500 万 t 的水平(预测过程也支持了这个水平)。

在此基础上,测算出河北省煤炭资源的自给水平,在正常情形下,省内供给度在 2025 年、2030 年持续下降到 12% 左右的水平;在低碳情形下,考虑到 2030 年碳达峰政策的影响,煤炭消费比例可能有大幅下降,至 2025 年省内供给度会先下降到 13% 的水平,之后至 2030 年回升到 15% 左右的水平。

从宏观形势来看,中国作为世界第二大经济体的影响力与日俱增,预测中国经济发展的良好外部环境不会发生重大变动。而中国国内的内蒙古、新疆、山西、陕西等主要产煤地,一直以来都在执行压缩产能的政策,它们具有补充国内煤炭需求的能力。全国煤炭市场展现出转运能力提高,煤炭中长期合同制度彰显稳价作用,煤矿安全法律法规标准体系进一步完善,全国煤炭供给体系质量提升、供给弹性增强等显著特征。

目前河北省煤炭的年产量控制在 4500 万 t,加上进口的 1000 万 t 左右的水平,大量的供给缺口仍需要从其他省份外调。实际上,2021 年河北省煤炭保有资源量 227.24 亿 t,经开采每年减少约 1.29 亿 t (2021 年),具有较强的储量保障程度。目前河北省确定的煤炭储备资源量为 145.66 亿 t,储备矿产地 55 个,具备增产扩能的条件。因而,如何有效协调河北省产业发展需求与政策制约的关系,就成为河北省煤炭产业发展的重中之重。考虑到河北省经济高速发展对煤炭的必然需求,应在满足产能限制和环境保护要求的基础上,有效用好国家煤矿产能核增调整政策,有序释放煤矿生产潜能,重视省外煤炭资源调入保障体系建设,适度提升煤炭储备能力等,以确保河北省煤炭能源安全。

10.2　铁　矿

据测算,2025 年、2030 年河北省铁精矿的需求量分别为 2.66 亿 t、2.08 亿 t。在供给方面,按《河北省矿产资源总体规划(2021—2025 年)》的预期指标值,2025 年、2030 年均为 0.7 亿 t 铁精矿。为此,在 2025 年、2030 年省内铁矿石的自给程度分别为 26.32%、33.71%,省内自给程度相对于 2021 年 15% 左右的水平逐步回升。

据统计,2021 年河北省铁矿企业设计达 3 亿 t/a,实际采矿能力为 1.6 亿 t/a。2021 年铁矿石产量为 1.338 亿 t,折算(按 35.2% 的品位进行保守折算)铁精矿约为 0.47 亿 t,尚未达到《河北省矿产资源总体规划(2021—2025年)》0.7亿t铁精矿的预期指标值,仍具备扩能的空间。

尽管河北省在"十三五"时期压减退出炼钢产能8212万t,但是,河北省的钢铁大省身份仍未变动,因而,铁矿资源的安全成为河北省经济、产业、社会发展的重要内容之一。就河北省而言,内挖潜力、外控市场是保障铁矿资源安全的重要策略。考虑到铁矿资源进口的巨大比重,稳定、拓展外部市场是维护铁矿资源安全的必然选择,在努力维持现有市场的基础上,适度探寻新的合作对象、合作模式、合作机遇是保障铁矿资源安全的重要选择。

10.3 金 矿

近十年来,河北省金矿年产矿石量整体呈现出下降趋势,自2013年的534.51万t,下降至2021年的173.47万t。预测2021—2025年河北省金金属产量在6.49~8.15t范围。

据统计,2021年河北省金矿设计采矿能力约610.37万t/a,通过释放产能,还有进一步提升供给能力的空间。

基于贵金属的稀缺特性,以及黄金特有的货币属性的特征,为此要从国家整体战略高度考虑省域在黄金勘查找矿及开发利用方面的战略地位,河北省应考虑在环境可支撑的条件下,适当提供政策倾斜,鼓励黄金资源的开采开发。包括:进一步明确黄金的战略地位,有计划地增加黄金储备;加大资金投入、加强探矿增储;以地质资源整合促进黄金产业实现高质量发展,加强资源整合,发挥大中型黄金企业自身优势和辐射作用,实现资源的最大化利用,提高黄金供给能力。

10.4 铜 矿

从国内市场来看,精炼铜消费量以年均7.76%的速度增长,需求旺盛;而从供给维度,2015—2020年全国精炼铜产量的年均增速仅为3.96%,而同期国内铜精矿产量年均增速为−0.88%。国内供给与需求的差距有进一步拉大的趋势,这也是迫使铜资源进口量不断扩大的原因所在。

具体到河北省,2017—2019年河北省铜矿矿石产量分别为0.59万t、0.2万t、0.86万t。2020年开始,河北省铜矿年产矿石量增长迅速,2020年和2021年河北省铜矿年产矿石量分别为12.84万t和17.41万t。据统计,2021年河北省铜矿设计采矿能力144.5万t/a,具备提升产量的基本条件和保障。

总体来看,在全球铜资源供给总体趋势偏紧的大背景下,在国内铜资源需求旺盛而国内供给不足的情况下,在河北省铜矿资源保有资源储量具备保障条件的情况下,大力提升铜矿资源的开采能力和产量是符合市场需求的。但是,考虑到国内供给侧结构性改革、环保力度加大、勘探投入逐年下降等政策和环境维度的制约,河北省在适度提升产量满足市场的同时,可以先期做好铜资源的勘查与探矿,为本地开采开发奠定储量基石和产能准备,此外,应在对外稳定和拓展铜资源贸易渠道的同时增强内部铜资源绿色循环利用的能力。

10.5 钼 矿

长期来看,需求方面,由于国内部分钢厂正进行产业结构升级,产品由普钢向优特钢调整,钼需求量或将受益于不锈钢产品内部结构的调整而有所增长;供给方面,受国内行业保护性开采政策限制,钼供给量将得以控制。

2012年以来河北省钼矿开采量波动极大,其中2017年、2020年和2021年无开采数据,2016年之前河北省钼矿年产矿石量在400万t上下浮动,而到2018年河北省钼矿年产矿石量突增为1000万t,2019年则为900万t。在"十四五"时期,河北省钼金属产量预测将处于1.01万~1.48万t区间范围。

总体来看,全球钼资源未来将以供弱于需的形势为主流;而在国内,受钼资源下游产业高速发展的刺激,钼资源的需求量将进一步扩大,同时,钼供给的控制仍将持续。河北省钼矿保有资源储量相对丰富,但是,开采利用量却不占优势,未来在采取内部勘查、产能建设保障,外部市场开拓,内部保障为先,外部利用为主策略的同时,也可以适度释放产能、增加产量,以满足市场不断增长的需求,同时有效规避未来下游钢企业大规模替代含钼产品的风险。

全球钼资源未来将以供弱于需的形势为主流;而在国内,受钼资源下游产业高速发展的刺激,钼资源的需求量将进一步扩大,同时,钼供给的控制仍将持续。河北省钼矿保有资源储量相对丰富,但开采利用量不占优势,未来在采取内部勘查、产能建设保障,外部市场开拓,内部保障为先,外部利用为主策略的同时,也可以适度释放产能、增加产量,以满足市场不断增长的需求,同时有效规避未来下游钢企业大规模替代含钼产品的风险。

10.6 萤 石

预计在"十四五"期间,我国氟化工产业升级加速,中高端含氟材料在新能源、新能源汽车、新兴信息、新医药、节能环保、航空航天等战略性新兴产业中的重要性日益凸显。随着我国氟化工行业的蓬勃发展,未来我国萤石资源缺口将增大。

河北省萤石产量近十年来波动较大,最大产量和最小产量差距达4.38倍。从整体上来看,未来河北省萤石资源年产矿石量处于相对稳定的高位时期,预测2012—2025年萤石年产矿石量震荡呈现出振幅不断下降的走势,年产矿石量在10万~11万t之间。

从整体上来看,中国虽然是全球主要的萤石资源分布地之一,且萤石产量位居世界第一,但是由于激增的市场需求和国内不明显的产量增长,促使中国对萤石的进口量不断提升,而在国际市场上巴勒斯坦、美国于2019年和2020年来连续激增的萤石进口量,也对中国萤石进口产生了巨大的挑战。利好的消息是,中国萤石进口来源国以发展中国家为主,与发展中国家良好的国际关系,是市场安全的有力保障。

概括来讲,中国萤石消费量和产量未来保持持续增长,且萤石消费量增长大于产量增长的可能性极大,即未来国内萤石自给率有可能进一步下降。为满足萤石的市场需求,扩大萤石进口数量和增加自有萤石产量成为必然的选择,而增加进口数量需要特别注意诸如巴基斯坦突然增长的萤石需求和国际萤石市场抢夺。就河北省而言,当前年产萤石矿石量约占保有资源储量的1%左右,增长的空间较大,因此,可以在环境、政策等满足的前提下根据具体市场情况适度扩大产能,增加一定的萤石矿的生产数量。

10.7 石 墨

2012—2018年间河北省石墨资源年产矿石量数值呈现出剧烈波动的态势,石墨资源年产矿石量在2015年达到最高的15.71万t,在2017年为产量最低的1.88万t,两者相差了7.36倍。预测2021—2025年间河北省石墨资源年产矿石量呈现剧烈震荡的态势,最高值为15.44万t,最低值仅1.83万t(与数据较少且2017年数值剧烈变化有关)。

全球石墨资源以中国、莫桑比克、巴西、马达加斯加、印度为主要供应方,以中国、日本、印度、巴西、

第10章 综合评价结论

加拿大、韩国、德国、美国等国家为主要消费方。随着马达加斯加和莫桑比克等非洲国家石墨产量的增加,全球石墨供需格局未来持续变动的可能性增长,全球石墨供应能力有望提升。中国是全球石墨主要的生产、消费和进出口贸易国,在全球石墨资源领域占有重要地位,当前中国石墨资源消费年均增长率(2015—2019年,为14.46%;2017—2019年,为9.32%)要大于石墨生产的年均增长率(2017—2021年,为7.02%;2017—2019年,为5.83%)。

从整体上来看,中国石墨资源储量和产量均保持增长态势;同时,中国又是全球最大的石墨消费国,占到了全球的近60%;此外,从总体上来看,中国石墨进口量要超过出口量,因此,为保证石墨资源安全,中国还应关注国际贸易市场,石墨出品国多达65个,为保持多方贸易合作奠定了良好的基础。

河北省石墨储量在全国排名相对较高,但是石墨产量不稳定、跳跃幅度较大,未来在国家整体石墨市场消费增长大于生产增长的情况下,河北省可以在稳定石墨生产数量的基础上,充分考虑到石墨矿山地表风化易采、易选矿石已基本采完,选矿难度增大、选矿成本增加等状况,提前谋划,增强石墨资源的勘探力度,保障含量高的原矿石墨的保有资源储量和产能。

主要参考文献

陈甲斌,霍文敏,冯丹丹,等,2022.我国矿产品供给形势分析[J].中国国土资源经济(5):42-48.

陈毓川,2002.建立我国战略性矿产资源储备制度和体系[J].国土资源(1):20-21.

迟春浩,黎永亮,2004.能源安全影响因素及测度指标体系的初步研究[J].哈尔滨工业大学学报(社会科学版),6(4):80-84.

冯进城,2010.我国金属矿产资源安全评价[J].理论月刊(3):161-164.

龚婷,郑明贵,2014.基于BP神经网络的我国铜矿产资源需求情景分析[J].有色金属科学与工程,5(1):99-106.

谷树忠,姚予龙,2006.国家资源安全及其系统分析[J].中国人口·资源与环境,16(6):142-148.

郭金栋,王恩元,2010.煤炭能源安全测度指标体系与综合评价[J].中国安全科学学报,20(11):112-118.

胡静锋,2011.经济全球化背景下国家矿产资源安全研究——基于自由贸易理论及我国当前贸易结构和贸易形势的考量[J].经济与管理研究(4):57-63.

贾逸卿,张艳飞,陈小荣,等.京津冀地区铁矿石需求预测[J].地球学报,2021,42(2):217-222.

姜鸿,张艺影,2011.中国维护矿产资源供给安全的自由贸易区战略[J].经济社会体制比较(1):210-215.

李天骄,梁海峰,李建武,等,2019.基于Hubbert峰值模型的中国有色金属产量峰值研究[J].中国矿业,28(7):75-80.

李维明,任世华,田辉,2019.多方合力妥善解决煤炭"去产能"后续问题——以河北省为例[J].中国煤炭(1):6-9.

李小亮,陈彦玲,董正信,2008.基于PSR框架的我国石油安全评价[J].北京石油化工大学学报,16(1):62-66.

林伯强.2001.中国能源需求的经济计量分析[J].统计研究(10):34-39.

林伯强.2003.电力消费与中国经济增长:基于生产函数的研究[J].管理世界(11):18-27.

刘渝,张俊飚,2010.中国水资源安全与粮食安全状态评价[J].资源科学,32(12):2292-2297.

龙宝林,叶锦华,2010.我国钢铁及铁矿石需求预测[J].中国矿业,19(11):4-6.

鹿海员,李倩,谢新民,等,2011.青岛市大沽河流域水资源承载能力研究[J].水电能源科学,29(12):21-24.

齐亚彬,2002.中国矿产资源储备问题研究[J].资源·产业(6):53-54.

苏轶娜,闻少博,聂宾汗,等,2021.主要矿产品供需形势分析报告(2021)[M].北京:地质出版社.

孙传尧,2022.石墨资源及材料产业高质量发展战略研究[J].中国工程科学,24(2):29-39.

王昶,左绿水,胡平杰,等,2013.中国铜资源安全演化轨迹模拟与评价[J].中国有色金属学报(英文版)(8):2465-2474.

王东方,陈伟强,2018.中国铝土矿贸易与供应安全研究[J].资源科学,40(3):498-506.

王阳,2019.中国钼资源产业现状分析及应对建议[J].现代经济信息(1):413.

王宇,淳伟德,谭立勤,2013.基于级别划分和AHP的矿产资源安全评价[J].统计与决策(8):64-66.

吴巧生,薛双娇,2019.中美贸易变局下关键矿产资源供给安全分析[J].中国地质大学学报(社会科学版),19(5):69-78.

闫军印,齐阔,2018.区域矿产资源可供性评价及风险分析——以河北省铁矿资源为例[J].地质与勘探,54(2):426-434.

严筱,陈莲芳,严良,等,2016.基于PSR模型的我国重要矿产资源安全评价[J].中国矿业,25(1):43-49.

杨欣,郑明贵,文唯,等,2016.战略性矿产资源经济安全评价研究与应用——以我国铜矿资源为例[J].江西理工大学学报,37(6):33-40.

姚公一,2015.我国钼矿业发展的现状、趋势及对策[N].中国矿业报,2015-5-7(6).

姚予龙,2010.基于PSR模型的我国资源安全演化轨迹模拟与成因分析[J].中国农业资源与区划,31(6):37-43.

永学艳,陈建宏,2010.基于AHP的矿产资源安全评价研究[J].有色冶金设计与研究,31(5):1-4.

游文荪,丁惠君,许新发,2009.鄱阳湖水生态安全现状评价与趋势研究[J].长江流域资源与环境,18(12):1173-1180.

于谨凯,高磊,2009.基于PSR模型的海洋生物资源可持续开发政府诱导研究[J].经济问题探索(9):11-15.

余敬,高思宇,张龙,2017.重要矿产资源安全评价的集成算法与实证[J].统计与决策(6):59-61.

苑立立,2022.上半年河北外贸出口总值同比增11.2%[N].河北日报,2022-07-27(1).

张惠丽,2005.中国铁矿石需求预测与开发战略研究[D].西安:西安建筑科技大学.

张新安,2002.国外矿产资源储备历史及现状[J].国土资源情报(1):1-12.

赵瑞荣,王汉波,1999.灰色理论在铁矿石需求预测中的应用[J].黄金科学技术(Z1):19-22.

赵洋,2011.基于PSR概念模型的我国战略性矿产资源安全评价[D].北京:中国地质大学(北京).

周吉光,张举钢,丁欣,等,2020.油气资源供给能力约束下未来中国煤炭资源开采总量控制指标测度[J].河北地质大学学报,43(6):101-112.

周吉光,张举钢,杨红瑞,等,2018.中国、OECD国家及全球能源消费领域的杰文斯悖论观察[J].河北地质大学学报,41(2):43-50.

周娜,吴巧生,薛双娇,2020.新时代战略性矿产资源安全评价指标体系构建与实证[J].中国人口·资源与环境,30(12):55-65.

BARTLETT A A,2006. A depletion protocol for non-renewable nature resources:Australia as an example[J]. Natural Resources Research,15(3):151-164.

EHRLICH P R,HOLDREN J P. 1971. Impact of population growth[J]. Science,171(3977):1212-1217.

EUROPEAN COMMISSION,2011. Tackling the challenges in commodity markets and on raw materials[R]. Brussels:European Commission.

EUROPEAN COMMISSION,2017. On the 2017 list of critical raw materials for the EU[R]. Brussels:European Commission.

JEVONS W S. 1865. The coal question: An inquiry concerning the progress of the nation, and the probable exhaustion of our coalmines[M]. London: Macmillan.

RIDDLE M, MACAL C M, CONZELMANN G, et al. , 2015. Global critical materials markets: An agent-based modeling approach[J]. Resources Policy, 45:307-321.

SVERDRUP H U, RAGNARSDOTTIR K V, KOCA D, 2014. On modelling the global copper mining rates, market supply, copper price and the end of copper reserves[J]. Resources, Conservation and Recycling, 87:158-174.

YAKSIC A, TILTON J E, 2009. Using the cumulative availability curve to assess the threat of mineral depletion: The case of lithium[J]. Resources Policy, 34(4):185-194.